孩子最好的玩具就是你
用情感引导奠定父母与孩子一生的亲密关系

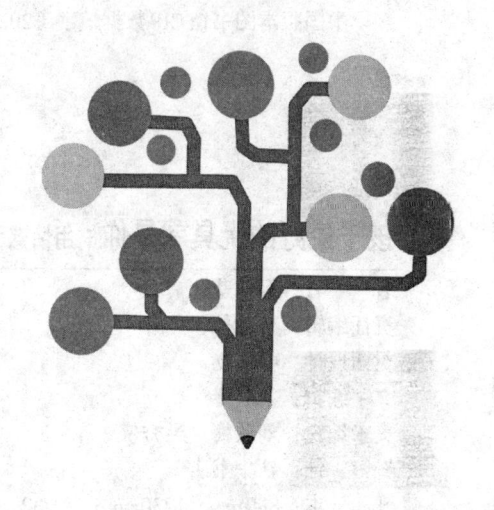

万莹 / 著

中国华侨出版社
·北京·

图书在版编目(CIP)数据

孩子最好的玩具就是你:用情感引导奠定父母与孩子一生的亲密关系 / 万莹著. -- 北京:中国华侨出版社, 2023.1

ISBN 978-7-5113-8699-1

Ⅰ.①孩… Ⅱ.①万… Ⅲ.①亲子关系—家庭教育 Ⅳ.①G78

中国版本图书馆CIP数据核字（2021）第243780号

孩子最好的玩具就是你：用情感引导奠定父母与孩子一生的亲密关系

著　　者：	万　莹
责任编辑：	李胜佳
封面设计：	韩　立
文字编辑：	朱立春
美术编辑：	刘欣梅　吴秀侠
经　　销：	新华书店
开　　本：	880 mm×1230 mm　1/32　印张：7.75　字数：170千字
印　　刷：	河北松源印刷有限公司
版　　次：	2023年1月第1版
印　　次：	2023年1月第1次印刷
书　　号：	ISBN 978-7-5113-8699-1
定　　价：	38.00元

中国华侨出版社　北京市朝阳区西坝河东里77号楼底商5号　邮编：100028
发 行 部：(010) 58815874　传　　真：(010) 58815857
网　　址：www.oveaschin.com　E-mail：oveaschin@sina.com

如果发现印装质量问题，影响阅读，请与印刷厂联系调换。

前言
PREFACE

所谓"陪伴是最长情的告白",不单单是对爱人,对子女也是。美国一家心理医疗机构曾针对七位成功企业家做过一次调查:如果人生可以从头来过,请问哪些事你会做得有所不同?很有趣的是,七个人罗列的答案中唯一都提到的一件事是,希望在儿女还年幼的时候,能多花一点时间陪伴其成长。

不错,在孩子的成长过程中,他们真正需要的也正是父母的陪伴。他们享受和父母在一起的快乐时光,他们需要被重视,需要和父母单独相处而不被打扰的时间,需要和父母建立一生的亲密关系。他们需要更慈爱的关注、更平静的接纳、更积极的引领,父母的陪伴比任何玩具都更让孩子喜欢和着迷!

但是,要成为孩子最好的玩具并不简单。有人说,中国的家庭=缺席的父亲+焦虑的母亲+失控的孩子。先不讨论究竟有多少中国家庭是如此,但在家庭教育上,焦虑和迷茫的确是家长们相当普遍的处境。

在处理与孩子关系的问题时，控制、放任、威胁甚至贿赂都是家长们常用的方法。这些教育方法都有一个严重的缺陷，那就是可能导致孩子无法以恰当的方式来表达情感和进行沟通，从而无法建立起父母与孩子的亲密关系，孩子也就无法得到家庭关系所带来的归属感和安全感。

与之相比，情感引导的教育方法更加充满关爱，也更符合逻辑和人性。情感引导式教育的本质是允许和鼓励孩子自由地表达自己的意见，通过和孩子共同分担责任来建立一种平等关系，以此来调动孩子的内在能动性，让孩子学会在成人的帮助下自己解决问题，并学会如何与他人建立起良好的、亲密的关系。情感引导型父母会把遇到的棘手问题当成了解孩子内心世界的好机会，并对孩子的情绪给予同情和理解，在沟通中增进亲子关系，从而成为孩子一生中最亲密最重要的陪伴者。

本书提供了大量实用的建议、科学的理论，以及来自现实生活的有趣故事，蕴含丰富的育儿智慧，帮助父母树立正确的家庭教育观念，摆脱曾经的行为模式，更轻松、更快乐地陪伴孩子，培养自觉、自信、快乐、有爱心的孩子，甚至能治愈自身儿时未能痊愈的创伤，成为自己憧憬的那种父母。

与孩子一起长大，真的是一件幸福的事情。如果将来的孩子，不会把生活中的困境归咎于原生家庭，以及历史和社会的不够美好，而是把重点放在让自己成为一个自我掌控、自我负责的人，并最终获得属于自己的幸福，那将是为人父母者最大的欣慰了。

目录
CONTENTS

第一章 / 婴幼儿期就要种下父母与孩子的亲密基因
情绪是婴儿交流的手段 ……………………………………… 2
归属感是孩子最早的安全感 ………………………………… 4
孩子喜欢"妈妈腔" ………………………………………… 7
固定的气味带来安全感 ……………………………………… 9
不要擅自剥夺孩子应得的母爱父爱 ………………………… 11
信任关系的最佳建立期 ……………………………………… 14
认识依恋，满足孩子爱的需求 ……………………………… 16

第二章 / 儿童渴望父母和他们玩在一起
生活就是游戏，让孩子在游戏中感受社会 ………………… 20
欣赏孩子的"小聪明" ……………………………………… 22
别让孩子患上"肌肤饥饿症" ……………………………… 25
在游戏中陪伴孩子练习说话 ………………………………… 27
爱问没有错，回答有技巧 …………………………………… 30

缺乏沟通时间，你可以试试这样做 33

　　自己的孩子自己带 36

第三章 / 面对成长的烦恼，孩子需要父母的抚慰和引导

　　正确面对孩子的"认生" 40

　　做孩子的灯塔 43

　　让孩子顺利找到归属感 45

　　及时去掉心理包袱，让孩子轻松前行 48

　　理解孩子，孩子也会"心累" 51

　　帮孩子克服恐惧症 54

　　别让孩子陷入抑郁症的泥潭 56

　　蹲下来，从孩子的角度看世界 59

　　"宝贝，你是怎么想的？" 62

　　及时关注孩子的情绪变化 64

　　善于领会孩子传递的信息 67

　　善于听出孩子的弦外之音 69

　　关心孩子的感受，积极地帮助他 72

第四章 / 保持亲密关系的最大"秘诀"是父母无条件的爱

　　"你的存在就是最珍贵的礼物" 76

　　让孩子时刻感受你的爱 78

以符合孩子性格的方式表达对孩子的爱 81
爱孩子，不妨直接告诉他 84
爱能让孩子从沮丧中重生 87
聊天是另一种形式的爱 90
别让爱被条件绑架 92
母爱是孩子心理的"安全岛" 95
爸爸妈妈爱的是你，跟成绩无关 97
掌握向孩子表达爱的途径 100

第五章 / 父母是孩子的"超级玩具"，你的亲子关系价值千万

让孩子在玩耍中度过敏感期 104
再忙也要留下和孩子对话的时间 106
"无论什么时候，我都会保护你" 109
教育的过程少不了陪伴的环节 111
再忙也要抽时间陪陪孩子 114
"撒谎"也是一种创造 117
饶有兴味地倾听孩子的喜怒哀乐 120
惊喜在最后——耐心听孩子说完 123

第六章 / 用情感引导法教孩子合理控制情绪，掌控自己的生活

你的孩子能管住自己吗 126

"永远不生气"——环境也能控制情绪 129
了解"人来疯"孩子的真实心理 131
孩子得了"多动症"怎么办 134
孩子任性其实是一种心理需求 136
让孩子学会表达爱 138
开心的父母才有快乐的孩子 139
积极暗示,让孩子摆脱坏心理 142
接受孩子的感受才能让他们感受好些 145
积极认同孩子的挫败经历 147

第七章 / 不惩罚、不讨好、不恐吓,正面管教、宽而有度

孩子犯了错误总是狡辩怎么办 150
别让孩子成为丧失自我的"物质小奴隶" 152
不要因为错误而全盘否定他 155
孩子有尊严,尽量私下批评他 158
尝试理解孩子的情绪 160
对感受要宽容,对行为要严格 162
如何让孩子主动不挑食 165
绝情的话千万不能说 168
主动认错的孩子不批评 170
孩子说谎,找原因胜过责骂 173

调整好你对孩子的"期望值" 176

第八章 / 建立平等关系，通过分担责任来调动孩子的内在能动性

小成员也有权参与家庭讨论 180
给孩子一个可以打破的碗 183
独立意识从娃娃抓起 185
聪明的父母要"无为而治" 188
平等协商，让孩子在民主氛围中成长 191
与孩子的感受产生共鸣，有助于他自己解决问题 194
最后的决定授权孩子完成 197
让孩子有意识地为自己负责 200
引导孩子找到读书的动机 203
创造机会：让孩子对自己"刮目相看" 206

第九章 / 依靠和孩子建立起来的情感纽带来促使他们合作

孩子为什么爱扔玩具 210
孩子为什么总是说"不" 212
怎样剪断妈妈的"小尾巴" 215
孩子为什么离不开他的破枕头 217
要想好好听，先得好好坐 219
一个拥抱胜过十次说教 221

把握好孩子对父母的依恋 ………………………………… 224
科学看待孩子的不听话 …………………………………… 227
不要太介意孩子的"顶嘴" ………………………………… 229
适当给孩子"戴高帽" ……………………………………… 232

第一章

婴幼儿期就要种下父母与孩子的亲密基因

情绪是婴儿交流的手段

人类的基本情绪在婴儿的生存和生长中起着十分重要的作用。情绪和语言一样，是婴儿进行人际交流的重要手段。婴儿的情绪交流是以表情的形式来传递的，情绪表达主要有面部肌肉运动模式、声调和身体姿态3种形式，婴儿用得最多的是面部肌肉运动模式，比如，喜、怒、惊、恐等都通过面部表情来传递情绪信息，声调和身体姿态都是面部表情的辅助形式。

有人将婴儿因饥饿、痛、生气而发出的哭声录下来，放给不知情的母亲听。当这些母亲听到因痛而发出的哭声时都冲进房间去看看自己的孩子是不是发生了意外，而听到另外两种哭声时，都慢吞吞地做反应。由此可见，母亲可以辨别婴儿通过不同哭声传达的情绪。

行为主义创始人华生指出，新生儿有三种非习得性情绪：爱、怒和怕。爱——婴儿对柔和的轻拍或抚摸会产生一种广泛的松弛反应，比如展开手指和脚趾，或者发出咕咕和咯咯声那样的一些反应；怒——如果限制婴儿的运动，就会产生身体僵直的反应，或屏息、尖叫之类的反应，有些还会出现手脚"乱砍"似的运动；怕——听到突然发出的声音会产生吃惊反应，当突然失去身体支持时就发抖、啜泣和哭号。

情绪是性格结构的重要组成部分，许多性格特征，如活泼、开朗、忧郁、粗暴等都和情绪密切相关。随着年龄增长，幼儿在一定的、不断重复的情景中，经常体验着同一种情绪状态，这种情绪逐渐稳定后，就会成为幼儿的性格特征。大约5岁以后，幼儿情绪逐渐系统化和稳定下来。如果周围成人能够经常关心、爱抚幼儿，尊重幼儿，使幼儿经常体验到安全感和信任感，这有助于促进朝气蓬勃、活泼开朗等良好个性的形成。如果父母和教师经常要求幼儿帮助别人，关心生病的小朋友，要求幼儿相互谦让等，这样孩子就能逐渐形成比较稳定的同情心和关心体贴他人的情感。久而久之，这种情感也会成为幼儿个性的一部分。

情绪不仅会影响儿童的心理健康，也能影响儿童的生理健康。在儿童发展早期，如果儿童被剥夺了正常体验情绪的机会，儿童的身心健康和发展就会受到严重影响。儿童情绪被剥夺，缺乏父母的爱，会抑制脑垂体分泌激素和生长素。少数被父母拒绝或在孤儿院中长大的儿童，很可能有情绪被剥夺的经验，这样容易导致他们身体发育不良，动作和语言发展迟滞，对他人的微笑毫无反应，无从学习人际交往，变得沉默寡言、无精打采。

因此，在儿童生长发育的过程中，给予他们适当的关爱和情绪刺激是十分必要的。

归属感是孩子最早的安全感

建筑师要想修建一所结实的房屋，需要有又稳又深的地基。人的生命要想健康长久地成长，也需要有稳固的地基。小孩出生后，地基便开始"建筑"，在这里，生命的地基便是人的"安全感"。

安全感是一种人在社会生活中感到安心不害怕的感觉，当环境中可能出现对身体或者心理有危险甚至潜在危险的情况时，安全感能够使人预感到出现的环境变动，人在其中主要表现为确定感和可控感。

安全感是生命的地基，即心理健康的基础，孩子在满足了安全感的基础上才能带着稳定的心理去探索未知的广阔世界，追求更高一层的需要，带着自信心去和小伙伴打交道，融入学校生活里，在小伙伴和学校里体会到自己的价值。相反，如果孩子有过度的不安全感，将会引发孩子的心理问题和疾病，导致精神障碍，甚至神经症。

当孩子从妈妈身体中分离出的那一刻起，脱离了妈妈身体的庇佑，孩子面对陌生的环境十分恐惧和不安。为了减少恐惧，孩子会在妈妈那寻找心理上的安全感和归属感。而这安全感和归属感会成为影响孩子身心健康的基础。

2009年，深圳市妇儿工委办联合市妇儿心理咨询中心对全市1500个8岁~17岁的流动儿童心理情况进行了抽样调查。调查结果显示，深圳市近六成流动儿童感到自卑、敏感，情绪不稳定，他们与人交往合作能力较差。其中，自卑是这些流动儿童心理问题的集中表现，近30%的流动儿童感到压抑和被歧视，认为城里人看不起他们。这些孩子大多性格内向，行为拘谨，自卑心理较重，自我保护和封闭意识过强，存在相对孤僻性，以至于不敢与人交往，不愿与人交往。一半以上的流动儿童通常是与自己的老乡一起玩耍，因为熟悉和有伙伴，这些小孩更喜欢老家，而不是现在生活的地方。

流动儿童是随着我国经济的快速发展，越来越多的农村剩余劳动力流入城市里而出现的。这些孩子出现的自卑、敏感、情绪不稳定等各种心理问题，都是由于流动问题导致他们没有家的归属感。孩子在幼年时期缺乏家的归属感在流动儿童中最为典型。妈妈们可以从这些流动儿童中看到归属感对小孩的人格发展的影响是多么重要。

所谓归属感，是指孩子觉得自己属于爸爸妈妈组建的家庭中的一员，属于学校班集体里的一员，属于伙伴们中的一员。在这一个个集体中，自己被集体中的其他成员接受、认可，在集体中是有价值的，必须存在的，不是可有可无的，能和集体有共同的感受。当孩子觉得自己被加入的群体接受时，会感到一种安全感和踏实感。

据有关研究发现，归属和爱的满足与生活满意度有很高的相关度。流动儿童因为生活的颠沛流离，有先天的生活条件不足的缺陷而得不到归属和爱的满足。美国著名心理学家马斯洛在1943年提出"需要层次理论"，他认为，"归属和爱的需要"是人的重要心理需要，只有满足了这一需要，人们才有可能"自我实现"。

研究人员给31名严重抑郁症患者和379个社区学院的学生寄出问卷，问卷内容主要集中在心理上的归属感、个人的社会关系网和社会活动范围、冲突感、寂寞感等问题上。调查发现，归属感是一个人可能经历抑郁症的最好预测剂。归属感低是一个人陷入抑郁的重要指标。

早在1998年夏天，美国心理学专家就断言：随着中国商业化进程的不断推进，心理疾病对自身生存和健康的威胁，将远远大于一直困扰中国人的生理疾病。上述表现概括起来就是思想上无所寄托，生活上丧失信心，对亲友无牵挂感。说到底就是归属感不强。

在孩子的安全感形成过程中，归属感是孩子最早的安全感。归属感和安全感从来都是相伴左右，有着密切的关系的。妈妈们在孩子小的时候，给了孩子充足的归属感，孩子能够体会到父母的爱和家的温暖。孩子会对世界感觉到安全，认为这个世界是安全的、可靠的、善良的，并在此过程中建立对世界和对自己的基本信任。因此，妈妈要给予孩子充分的归属感，让孩子感受到安全，并在安全的环境下健康成长起来。

孩子喜欢"妈妈腔"

研究表明,很多孩子都喜欢听"妈妈腔",那么什么是"妈妈腔"呢?妈妈腔是一种被很多妈妈发现和使用的能够促进孩子听力和智商的说话腔调。

科学家曾经做过这样一个实验:

他们将一个陌生女子的录音放给一些4个月大的孩子听。录音的内容分为两部分。一部分是这位女子用成人的语言对婴儿们讲话;另一部分是这位女子用"妈妈腔"对孩子们说话。研究结果发现,婴儿们听到第一部分的录音时几乎没有反应,但是当听到第二部分录音的时候,他们就会不停地转头,寻找声音的来源。

通过这个实验,科学家证明了婴儿的确喜欢听"妈妈腔"。通过进一步的研究,他们发现婴儿能辨别出"妈妈腔"的最小年龄是在5周左右。

读到这里,很多妈妈可能会产生疑问,到底怎么说话才是"妈妈腔"呢?我们通过一个故事来了解一下。

一位妈妈领着两岁多的女儿到公园去游玩。她们都看到了池塘里非常漂亮的小金鱼,于是妈妈就带着孩子走近了一点,对女儿说:"这是金鱼。"女儿听完了并没有表现出任何的情绪波动。这时候妈妈换了一种语调对孩子说:"宝宝,你看,这些都是小金鱼，是会游泳的小金鱼。过来看看，它们是怎么游泳的？"女儿听了这一番话，很开心地凑到池塘边观察金鱼，还给妈妈表演金鱼游泳的姿势。

　　妈妈用的第二种说法就是所谓的"妈妈腔"。"妈妈腔"一定要具有以下的特点才能帮助孩子更好地认识世界和了解世界。

　　（1）妈妈腔的语速要缓慢，只有这样孩子才更容易接收你的信息。虽然孩子的大脑拥有无穷的潜力，但是孩子在理解语言的时候还是比成人慢得多，所以想要和孩子更好地交流，就要拿出耐心，放慢语速。

　　（2）发音要清晰。孩子获得语言能力都是通过模仿来学习的，所以妈妈腔要字正腔圆。这并不是要求妈妈一定要讲普通话，而是要求不管是用普通话、方言还是外语，都要发音清晰明确。

　　（3）语句要简短。长句子是说给成人听的，孩子分不清主谓宾定状补，更听不懂语气变化所带来的含义变化，所以要让孩子充分理解你所说的话，就要把句子说得简洁明了。

　　（4）注意适度重复。只有不断地重复，孩子才能充分地吸收你所说的内容，否则，它对孩子的大脑是产生不了刺激的。

　　（5）注意说话内容要具体。比如说一朵花漂亮，一定不要直接问孩子"这朵花漂亮吗？"因为以孩子的词汇量，他们还不知道什么是漂亮。父母说话的时候要具体地描述花朵如何漂亮，只有这样孩子才会循序渐进地掌握更多的抽象词汇。

另外在运用"妈妈腔"的时候，家长要注意避开几个误区。首先"妈妈腔"不是妈妈的专利，它只是描述了一种语音语调的特点，这种腔调妈妈可以用，爸爸也可以用，它并不是某一种性别的专利。另外，"妈妈腔"不是儿语。很多小孩子说话的时候"是的"会说成"细的"，"老师"会说成"老西"，这是一种错误的发音，但是父母往往觉得很可爱，常常用这种发音和孩子说话，其实这会让孩子养成不良的说话习惯，以后再纠正也会很难。

"妈妈腔"也是有有效期的。孩子6岁之后，他已经掌握了语言工具，理解力和抽象思维也有了很大的发展，如果此时父母依然用"妈妈腔"和孩子说话的话，反而会阻碍孩子的发展。

固定的气味带来安全感

孩子天生就有嗅觉，那么嗅觉还需要培养吗？其实这是一个见仁见智的问题。有些人可能会说虽然人的嗅觉没有视觉和听觉那么重要，但是训练过和没训练过还是有差别的；另一些人可能持这样的观点：我的孩子长大又不当闻香师、调味师、调酒师……训练嗅觉没有必要。其实嗅觉的功能远远不止闻味道那么简单，它在人类出现的早期曾经起到过重要的作用。早期的人类可以依靠嗅觉来避免危险的环境和事物，嗅觉是一种凭直觉做出反应的感觉。当人吸气时,空气中的气味借着鼻黏膜上的感受器,由嗅觉神经传送到大脑中的海马体。人类可以通过嗅觉来避免很多潜在的危险,比如很多人如果闻到不好的味道会自动避开那个环境,这就是嗅觉的功能之一。

当然嗅觉除了可以帮助人类避免危险的环境和事物,还可以帮助人们拥有安全感。如果到了一个气味与家里很相似的地方,人们大多数会感到放松和舒适,如果这个环境的味道与自己熟悉的味道大相径庭,人们就不自觉地感到紧张。

研究表明,孩子从刚刚出生的时候就具有了一定的嗅觉功能,而且是非常灵敏的,他们能够很轻松地识别母亲的气味。

曾经有科学家做过这样一个实验,当孩子哭闹不休时,将留有母亲气味的衣服放在婴儿的枕头下面,就可以帮助孩子安然入睡。有的孩子即使在睡觉的时候,也能够轻松地辨别出躺在自己身边的是不是自己的妈妈。有人曾经做过这样的实验:一位妈妈抱着不属于自己的孩子给其喂奶,但是孩子凭着灵敏的嗅觉知道这不是自己的妈妈,所以拒绝吃奶。

熟悉的味道能够给孩子带来安全感,他知道熟悉的味道代表着安全的环境,知道自己没有危险,这样他的心情会很平和。一旦周围的气味发生了改变,他就知道自己所处的环境有不熟悉的人或物品进入,他不能判断这个人或物品是不是有危险,只能靠大声哭喊来呼唤父母保护自己。

所以,为了给孩子安全感,父母要保证孩子周围的气味相对固定。只有这样，孩子才能对周围的环境产生信任的感觉，同时这种环境也有利于亲子依恋关系的形成。

不要擅自剥夺孩子应得的母爱父爱

一对夫妻在事业上非常有成就，结婚生子后，两个人一起到国外去攻读博士学位，临行前他们将孩子托付给爷爷奶奶照顾。三年之后，他们学成归来，把孩子接回了自己家。孩子刚接回来的时候还挺乖的，可没过多长时间他就开始跟爸爸妈妈较劲，不服管教。爸爸妈妈也发现孩子身上有许多爷爷奶奶惯出来的坏毛病，于是他们千方百计想把孩子的这些坏毛病纠正过来。结果，父母和孩子之间的战争不断，大人烦恼、孩子生气，一家人整天都处在不愉快的氛围中。

这个家庭出现的问题，其根本原因是孩子没有在父母的身边长大。孩子刚接回来时乖巧的样子是因为他跟父母还不熟悉，之后开始跟父母"叫板"，并提出很多无理要求，这是孩子开始在心理上依恋父母的表现。孩子从小远离父母，没有体会过和父母的绝对依赖关系以及在爸爸妈妈怀里的安全感，所以孩子需要补偿。

这个补偿的过程同时也是孩子退化的过程，他会突然变得不如从前，甚至越来越爱犯错误。其实，他只是在试探父母是不是真的爱他，是不是会无条件地接受他。经过顶撞和冲突，亲子关系大多会变得更加亲密。如果孩子接回来之后一直都很乖巧，从来不知反抗或顶撞，这才是最可怕的现象。因为这样的孩子很难对父母敞开心扉，他对待父母可能会一直客客气气的，就像对待陌生人一样，那时候父母要想介入孩子的世界，就更加困难了。

在儿童成长发育的关键时刻，他会和日夜照料他的父母建立起强烈的感情，这种强烈的情感是维系亲情的纽带。而早年没有得到父母照顾的孩子并没有建立起这种感情纽带，和父母的心理距离很远，再加上生活习惯有差别，亲子之间极有可能互相看不习惯。由于没有感情，父母教育孩子的时候通常也不会手下留情，孩子对父母的教育也不情愿接受。时间长了，亲子之间没有形成感情依恋，反而形成了强烈的心理对抗，冷漠的种子也就埋下了。

与父母长期分离对孩子的成长十分不利，严重者会导致儿童性格上的缺陷。因此，父母要尽量在孩子身边，使他能够健康快乐地成长。

有一对夫妇离婚，5岁的儿子由父亲抚养。一段时间之后，孩子开始不吃东西，也不说话，经常哭闹，后来到医院经过精神科医生的诊断后发现孩子已经患上了儿童抑郁症。在医生的建议下，孩子的妈妈把孩子接到身边，经过妈妈精心的照顾，尤其是感情上的抚慰和交流，孩子终于又开口说话了，也恢复了儿童应有的天真烂漫。

这是一个典型的由于母爱被剥夺而罹患儿童抑郁症的病例。因为孩子被强制剥夺了得到妈妈关爱和呵护的权利，所以孩子在心理上产生了强烈的不安全感。母爱被剥夺除了可能引发儿童抑郁症之外，长大成人之后也很容易因受到刺激而罹患各种心理疾病，或者形成过于内向、胆小的性格特征。

因此，父母一定要利用一切机会多与孩子在一起，与孩子进行感情的交流，培养孩子与父母的感情。有些父母因为工作的关系，一旦孩子不吃奶了，就送到外地交由他人抚养，等到上学时再把孩子接回来。其实，这种做法对孩子的伤害是很大的，因为一旦错过了与孩子发展亲密关系的"关键期"，父母与孩子就很难再建立亲密的关系了。感情的疏离，会给孩子的心理带来无可挽回的伤害。

孩子在出生的头几个月和他的母亲发生了广泛而持久的联系，这相当于经历了一个敏感的社会化阶段。这种联系的目的不仅仅是从母亲那里获得物质报偿，更重要的是形成一种稳定的依恋关系。只有早期建立了这种牢固的依恋，成年后他们才有和其他人建立良好人际关系的可能。

孩子有了被爱的经历，他长大后才会爱别人，爱社会，才能友好地与他人相处。所以为了孩子的未来，父母要尽量做到以下几点：

（1）提高做父母的敏感性，及时地应答孩子的需求。

（2）多和孩子做亲密的身体接触，婴儿抚触操就是一种很好的方法。

（3）按照孩子的需求调整自己的行为，不要把自己的意识强加给孩子，不能心情好时就和孩子玩，心情不好时就拿孩子出气。

信任关系的最佳建立期

每个父母对于孩子都是极富热情和耐心的，他们总是在孩子需要的时候第一时间出现，生怕孩子受了什么委屈；孩子虽然来到这个世界不久，但是父母对他的这种超乎寻常的热情他很快就会感受到，当然他们也会用自己的"语言"来回应父母，比如哭泣、手舞足蹈或者微笑等，这些都是他们给父母的信号。父母往往在接收信号之后满足孩子的愿望。孩子就在发出自己的信号和接收父母信号的过程中逐渐产生了最初的安全感。

孩子通过自己的需求与社会发生最初的联系，他用哭声、表情、姿态来表达自己的需求，这些需求不仅包括吃、喝、拉、撒、睡等生理方面的需求，也包括爸爸妈妈的关注和抚摸的需求。如果父母能够对孩子的需求做出敏感而准确的回应，孩子就会感到周围的人和世界都是可靠的，他们就会在父母给予自己的满足中建立信任感。

不过现实中我们常常看到父母走进这样的误区：孩子平安地来到世界之后，早已经储备了很多提高孩子智商和情商妙招的父母就迫不及待地把这些方法在自己的孩子身上进行实验。对于开发孩子的智商,很多父母已经驾轻就熟,但是在提高情商方面,父母还有很多误区。爸爸妈妈总是认为只要能够给孩子足够的爱就可以了,但是爸爸妈妈忽略了孩子是有自己的发展规律的。孩子在不同的年龄段所需要的爱的内容和方式也是不同的。父母只有给予孩子需要的爱,才可以养育出身心健康的孩子。

那么在孩子生命的早期,他需要的爱是什么样的呢?心理学大师艾里克森指出,孩子在0岁~2岁的时候,心理发展的最重要的任务就是建立信任感,克服对世界的怀疑感。如果宝宝能够建立很好的信任感,那么就会为他长大以后的人际交往能力打下基础。

那么父母要怎样做才能充分利用这个建立信任感的关键时期呢?

首先要培养对孩子的敏感度。敏感的爸爸妈妈很容易和孩子建立信任关系。因为他们懂得孩子的需要,也知道怎样才能让孩子开心。孩子通常是在体验父母给自己的满足后感到安全并和父母建立信任感的。与父母成功建立信任感的孩子长大后大多数会具有乐观、自信的人格特征。如果父母对孩子的需求不敏感,经常让宝宝的期望落空,那么孩子就会对周围的人和世界产生不信任和恐惧的感觉,这样长大的孩子对周围的人和世界也会很冷漠,成人后大多性格悲观、多疑。

多多触摸孩子也能让孩子感觉到父母的爱意,帮助孩子建立信任感。孩子的皮肤十分敏感,他可以通过触摸来感受父母的爱。抚摸会给孩子带来安全和愉快,还能消除他的不安情绪,放松他紧张的神经。

此外,规律的生活也会给孩子带来稳定感与安全感。如果经常变化生活环境和日常作息时间,就会使孩子感到不安。所以父母要保证孩子每天的作息时间相对固定,这样可以使孩子习惯在特定的时间做相同的事情,并且能对下一个即将发生的事件做出预期。

0岁~2岁不仅是建立信任关系的最佳时期,而且也是建立亲子依恋的最佳时期,所以父母一定要抓住这一时期,让孩子走好迈向社会的第一步。

认识依恋,满足孩子爱的需求

前面我们已经提到过父母与孩子之间建立良好的依恋关系对于孩子的重要作用,那么父母要怎么做才能更好地满足孩子对爱的需求,建立起稳固的依恋关系呢?

1. 父母要保证孩子有比较固定的依恋对象

依恋关系的建立不是很快就能形成的,它需要经历一个过程,而一个或几个特定的成年人持续照顾孩子是他获得安全感的重要途径。如果父母不能亲自带孩子,或者照顾孩子的人总是在变,那么孩子是很难建立起稳定和安全的依恋关系的。如果孩子的主要照顾者突然离开，由陌生人接替，那么由于这个人不了解孩子的气质与个性，就会使孩子安全感缺失。这也是我们提倡自己的孩子自己带的原因。如果父母真的工作很忙，不得不随时离开，那么家里最好至少有两个人能同时担当起父母的角色，这样在父母离开的时候，孩子不会产生过大的心理落差。

2. 提供充满爱心的照顾

并不是只要孩子与父母在一起就一定能建立起安全的依恋感。孩子先天的气质类型决定了他们有不同的需要，而他们对回应速度和回应方式的要求也是不一样的。这必然会给父母的养育带来很大的难度。所以，即使是生他养他的父母也要充分了解孩子身心发展的规律，与孩子充分地磨合后才能通过孩子的行为读懂孩子的想法，并且给予及时准确的回应。父母要善于识别婴儿发出的需求信号，拥抱、谈话、逗孩子笑，这样才能让孩子有真实的被爱的感受和愉快的生活经验。这种互动可以促进孩子与外界沟通互动，产生对父母的信任感，并且将这种信任感推及他人。其实在孩子的婴儿时期，如果想让他们产生安全感，就是要做到"一哭就抱"。因为，此时婴儿与父母唯一的交流手段就是哭。如果他哭时，父母置之不理，这其实是阻碍了亲子间的交流。而一哭就抱，则让孩子感到自己唯一拥有的交流工具非常有效，不知不觉中就会增加婴儿与父母的互动。而婴儿与外界互动越多，获得的回应越多，他的感情和智力也会成长得越快。父母从小鼓励孩子"发言"，他长大以后才会能够更顺畅地与别人交流。

3. 对孩子的需求延迟满足

有的父母担心事事顺着宝宝，会养成他任性的坏习惯。其实这种担心不无道理。科学的做法是，要积极回应孩子的需求但是不要立即满足。这要怎么做呢？其实很简单，当孩子产生各种需求时，父母可以先用声音和肢体动作回应，让他知道到父母听到了他的呼唤，让他学会在希望中忍耐几秒钟。这种几秒钟的忍耐和等待，不仅不会损害婴儿的健康，还会对他的心理健康、智力发育以及交往潜能产生积极的促进作用。

4. 陪伴孩子但不干预行动

孩子在2岁左右会进入一个"反抗期"，此时他们希望摆脱大人的控制，自己去探索世界。此时，父母要做的是为孩子提供安全感，但是不要过度保护。比如：很多家长认为陪孩子游戏就是要为孩子做点什么，其实这是一个错误的认识。陪孩子游戏，重点在孩子。如果孩子需要你参加，你就要及时参与到孩子的游戏中；如果他不需要，你完全可以坐在一边做些自己的事情。其实孩子只要能够听到大人的声音或者知道大人在哪里，他们就会产生安全感，不会害怕。慢慢地，孩子的安全感得到发展和提高之后，他们就学会了独自玩耍。

总之，当孩子需要关爱时，如果父母能够及时给予，就好像在他的心里建起了一座安全的港湾，这会让他的心灵安定，健康成长。

第二章

儿童渴望父母和他们玩在一起

生活就是游戏，让孩子在游戏中感受社会

3岁的微微经常自己做游戏。她最爱玩的游戏就是每天模仿妈妈的日常活动：买菜、做饭、梳妆打扮、电话聊天、匆匆忙忙出门去上班等，甚至会边穿衣服边拿东西，嘴巴里还会忙不迭地喊着："来不及了！来不及了！宝贝再见！要乖……要听话……"

游戏占据了孩子的生活中的很大一部分。游戏是孩子最基本的活动，它是想象和现实生活的独特结合，是人的社会活动的初级形式。但是游戏并不是孩子的本能活动。孩子动作和语言发展后，渴望参加社会实践活动但是又缺乏相关经验和能力水平，在这种情况下，游戏就成了孩子参加社会实践的一种方式，是孩子的一种社会性需要。

孩子的游戏内容通常来自周围的现实生活，例如"过家家""开汽车"等，都是现实生活的反映，都是以孩子在社会中经历过的事物为素材的。同时，孩子的游戏不是原原本本地照搬生活，而是孩子根据自己对生活的理解，并且加入了自己对生活的愿望，将内容进行重新组合后的创造性活动。

游戏在孩子社会能力的发展中起着十分重要的作用，孩子

可以在游戏中按照自己的意愿去扮演任何角色，并从中体会到各种思想和情感。孩子还可以通过游戏学会如何在集体里发挥自己的作用，如何与别的孩子合作得更好。另外，游戏在发展孩子的自我控制、活动方式以及改造孩子的问题行为方面也起着重要作用。

如果想让孩子有更多的情感体验，父母应该抽出更多的时间来陪孩子一起玩游戏。父母可以在家中设置一些特殊的"游戏角落"。孩子玩具不需要多么精巧多么高科技，家里的很多东西都可以"变废为宝"，大纸箱、旧布、坏掉的门把手等都可以变成孩子的宝贝。纸箱可以变成郊外的小房子；旧布变成云彩或者巫婆的斗篷；门把手可以变成喇叭或假鼻子……在玩的过程中，不但孩子的动手能力可以得到提高，他对感情的理解也会更加深刻丰富。

很多父母都知道游戏对孩子的好处，所以他们总是带着孩子到户外去与其他的小朋友一起玩耍。虽然户外活动对孩子来说是必不可少的，但是面对大自然的诱惑，很多孩子并不买账，这是怎么回事呢？

小波特别爱在家里玩玩具，因为玩得专心，有时连妈妈叫他都听不见。妈妈想让小波到外面和小朋友们一起玩。可是妈妈发现小波好像更迷恋玩具，每当妈妈让他外出时，小波总是表现出有些不情愿。妈妈很不理解，小波这是怎么了？

其实，孩子的玩乐没有大人那么强的目的性，他们关注的只是玩的过程，能够体验快乐情绪对他们来说已经就足够了。玩具是孩子幻想中的玩伴，无生命的玩具在他们看来和真实的小朋友并没有区别。4岁~5岁，玩具依然是孩子无伙伴时的假想伙伴，过了特定的时间，他就会跨过以独自玩耍为主的阶段。

父母经常可以看到孩子一边自言自语，一边摆放玩具，或者指挥打仗，或者和小动物对话，孩子不是单纯地在玩，他是在"演练"将来如何与人交往。在家玩玩具和外出找小伙伴玩，这两者之间不是对立的关系，无论孩子选择哪种游戏方式，家长都应该支持，不要勉为其难。

欣赏孩子的"小聪明"

在一个父母俱乐部中，有位年轻的妈妈讲述了一个困扰：两岁半的孩子学会了耍"小聪明"：到了该睡觉的时候，为了和妈妈多待一会儿，不断制造出各种不睡的理由；为了让妈妈抱一下自己，假装自己身体很不舒服。于是，这位年轻的妈妈就很担心自己的孩子会不会变得狡猾起来。

其实，这位母亲的担心是多余的，要知道，从一个想吃就吃、想哭就哭的孩子成长为具有丰富思想和独立思考的人，是一个渐进复杂的过程。孩子充满好奇地探索着外部世界，也同样充满好奇地探索着自己的"社交方式",孩子的这种"小聪明"相对于"直接要求"来说,已经是高级手段了。随着孩子年龄的增长,他们的"小聪明"就会慢慢表现到日常的学习生活中了。

薛政就读于某市重点中学,在读初二,他家住在市中心的一个高档小区,家境很好。尽管如此,薛政从没放松对自己的要求,学习成绩一直不错。刚读初二时,由于英语教材的难度增加了,他觉得学起来有些吃力,成绩也退步了不少。可一段时间之后,这种状况突然有了明显改观,而薛政学英语的兴趣更浓了,他的父母觉得有些诧异。

"儿子,最近发现你学习英语的热情很高嘛,可前段时间你还说学英语很吃力。"爸爸好奇地问。

"嘿嘿,这可是个秘密,我找到了学好英语的捷径。"薛政说。

"哦,什么捷径,能跟爸爸说说吗?"

"我发现咱们小区里住了不少外国人,他们的英语水平都很高。最近一段时间,我每天放学后总是想办法多跟他们交流,这样在他们的指导和帮助下,不仅我的口语进步了,英语综合能力也提高了不少。而且,我从中还发现了英语学习的好方法和乐趣,所以就进步了。"

"儿子,你真聪明,这真是个学习英语的捷径。"听完孩子的话,爸爸不禁为儿子感到高兴。

"小聪明"其实就是孩子处理事情时的智慧，但对很多家长而言，如果孩子的"小聪明"用在了提高学习、办事效率等行为上，通常是不会反对的，还会进行表扬，但用在其他方面，则如临大敌，惶恐孩子会变坏。

　　冲冲今年上初三了，他是班里的体育委员，也是学校篮球队的队员。一直以来冲冲很想要一个自己的篮球，可是冲冲的父母却总是因为各种各样的原因没有买，这让冲冲很伤心。他虽然从父母给的生活费中能节省一些，然而对于买篮球这件事，那点钱还是不够。

　　有一天，冲冲感冒了，很难受，可是父母都要去上班，没有时间陪冲冲去医院。于是冲冲的爸爸就给了冲冲一些钱，让他自己去医院打针吃药。冲冲突然想到了可以通过装病来向爸爸要钱，来买个篮球。于是，即使感冒好了以后，冲冲还是装着感冒很严重的样子，骗取爸爸的钱。不料没过多久，这个诡计就被爸爸识破了。

　　爸爸看到年纪小小的孩子就想方设法地骗人，就狠狠地打了冲冲一顿。这让冲冲很生气，把自己关在房间里不说话，直到爸爸道歉，冲冲才走出了房门。这时候，冲冲的妈妈对他说："孩子，你爸爸意识到他打你不对，但你有没有意识到自己也犯了错误呢？虽然你很想要一个篮球，想的这个办法也很'聪明'，可这是不诚实的表现。对不对？"冲冲点了点头，意识到自己的错误了。

聪明的孩子遇到事情会多想办法,难免把自己的才智用偏。身为父母,既要看到孩子表现出来的机智的一面,又不能纵容他们碰触底线,引导他们将这种聪明发挥到正途。

别让孩子患上"肌肤饥饿症"

相信很多人都有过这样的感受,当自己情绪低落或者不开心的时候,自己亲近的人如果能够给我们一个拥抱甚至只是拍拍自己的肩膀,我们内心的痛苦也会减少很多。产生这种感受的原因其实来自我们小时候父母给予的照顾。爸爸妈妈在孩子伤心失望的时候常常会用拥抱和爱抚来表达他们的关切和安慰。最终我们形成了这样的条件反射,只要亲近的人对我们做出这种动作,我们就会感到踏实和安慰。

我们对拥抱有着天生的依赖。很多研究都得出了这样一个结论:"人类和其他的恒温动物都有一种天生的特殊情感需求,也就是互相接触和蹭摩。"这种需求被称为"肌肤饥饿"。刚出生不久的孩子对这种接触的需求更加强烈,所以从某种程度上说,小孩子喜欢大人的拥抱和抚摸是天生的,而这种来自父母的爱抚也是他们健康成长的动力。

心理学家米拉尔德的研究表明,拥抱和触摸的感觉让孩子充满活力并且是大脑的兴奋和抑制达成一种协调。所以,拥抱和触摸能够促进孩子大脑的发育，提高智商并且使他的心态保持平和。

那么如果一个孩子长期处于"皮肤饥饿"状态会怎么样呢？研究证明，长期缺少温柔的爱抚和拥抱的孩子在身体和精神上都会出现问题。首先，孩子会出现食欲下降。许多处于皮肤饥饿中的孩子会出现食欲下降的现象，而因为没有足够的营养，所以孩子的身体发育也会受到影响。其次，缺少肢体接触的孩子还会出现智力发育缓慢的现象。最后，长期的"皮肤饥饿"造成的最严重后果就是对孩子心理问题的影响。他们常常会表现出孤独和胆小的心理，有的孩子也会患上"恋物癖"，他们在正常的恋物期过后依然不能放弃身边的安慰物，总是要搂着那些"安慰物"睡觉。长此以往，孩子极有可能出现极为严重的恋物现象。

所以在孩子的成长过程中，父母一定要适时给予拥抱，避免他们产生"皮肤饥饿"。

在孩子小的时候，父母大多喜欢抱着孩子玩，这是很正确的做法。因为这会让孩子变得更加聪明，促使他们形成健康的人格。有些父母可能会说："我长时间不抱孩子，他也不会哭闹，所以我们家孩子对拥抱的需求少一些。"其实这种认识是错误的。孩子渴望被人拥抱是正常的心理需求，如果孩子对这种接触的需求不强烈，那么妈妈要注意孩子是不是有心理或者生理上的问题。还有些父母说："我总是抱着孩子的话，孩子长大后就会黏着父母，这样长大的孩子怎么能独立面对社会呢？"这种观点表面上看起来似乎很正确,但是事实上忽略了孩子的成长规律。0岁~1岁孩子的培养重点并不是他的独立性,而是与父母形成良好的依恋关系,此时的独立性培养只能让孩子丧失健全的人格,是一种得不偿失、揠苗助长的行为。

随着孩子渐渐长大,亲子间的接触也渐渐地减少了。很多父母不知道,青春期是孩子可能产生"皮肤饥饿"的另一个关键时期。这个时期经常被触摸和拥抱的孩子往往拥有比其他孩子更好的心理素质,还会大大减少亲子间的摩擦,这对孩子顺利度过青春期很有好处。

在游戏中陪伴孩子练习说话

爱游戏是每个人的天性,很多父母都错误地认为,玩游戏是不务正业的表现,殊不知,孩子也可以在游戏中学会一些东西。对于孩子来说,学习和游戏是分不开的,尤其是对孩子的早期教育来说。

很多教育专家都建议,在早期的语言教育中,父母可以通过游戏的方式来培养孩子的语言能力。事实也证明,在游戏中培养孩子语言能力的话,孩子将会愉悦地学习,效果也一定不错。只是,在游戏中陪伴孩子练习说话时,要讲究游戏的质量,让孩子在游戏中有所收获。专家建议父母要从以下几个方面入手:

1. 从视觉方面吸引孩子

如果是男孩子的话，父母可以带他出去见识各种各样的车，比如警车、救护车、自行车等，告诉孩子各种车的特征，回到家后，再搜集生活中各种常见车的图案，拿给孩子去辨识，让孩子说出各种车的名字、颜色、特点。通过视觉的吸引训练孩子说话的同时，还可以让孩子发挥想象力，培养孩子的审美情趣，鼓励孩子表达自己的想法。需要注意的是，当孩子在识别的时候，如果出现错误的话，父母不要批评孩子，也不要表现出不满的神情，而是要帮助孩子认真区分各种车之间的差异，加强孩子的记忆。如果孩子提出问题的话，父母要及时回答，并对照着图像进行解说，充分引起孩子的兴趣，进而提高孩子的能力。

2. 通过触觉让孩子集中精力去陈述

不让孩子见到某些东西，而是将它们装在一个袋子或箱子里，然后让孩子用手去摸，这样孩子心里会有一定的警觉，注意力会比较集中。当孩子触摸到什么东西时，鼓励孩子先用语言描述出它的形状或描述出自己的触觉。假设让孩子摸袋子里的苹果，你可以问孩子的感觉，问他是圆的还是方的？是柔软的还是坚硬的？当孩子在描述时，父母要配合着孩子说话，必要时给予孩子一定的提示。实践证明，触摸实物锻炼孩子说话，会让孩子的形容词变得特别丰富。

3. 让孩子在模仿中练习说话

孩子最早学习语言就是通过模仿，但并非所有的孩子都会主动去模仿，因此，父母一定要想办法让孩子对模仿产生兴趣，让孩子愿意主动模仿。一般来说，通过模仿锻炼孩子说话，最初是引导孩子跟着自己说话，你说一句他说一句。这种情况下不能一下子就说非常复杂的字词，要从比较好理解的字开始，然后再一步步过渡到词或句子。等到孩子能非常流利地说很多字词后，父母要试着给孩子讲故事，让孩子学句子，这样不但可以锻炼孩子说话，还可以让孩子走进故事的世界，激发孩子的想象力。需要注意的是，让孩子跟着自己读时自己一定要吐字清晰，注意抑扬顿挫。在讲故事时，还可以和孩子分角色朗读，让孩子充满兴趣愿意跟着学。此外，还可以让孩子试着给你讲故事，关键是让孩子练习说话，所以，无论他讲得是否清晰都要给予鼓励和肯定。

需要注意的是，在游戏中训练孩子说话，最主要的是让孩子有兴趣说、愿意说，因此建议设计各种游戏，让孩子参与其中，引导孩子多说话，这样可以收到更好的效果。

以下是一位母亲的心得。

为了培养孩子的语言能力，让孩子多说话，我想了很多的办法，其中的一个就是跟孩子玩游戏。每一次，我带孩子出去，就会让他试着将路上看见的没有关联的事物组合成句子，这一方面可以锻炼孩子的语言能力，也可以开发孩子的想象力。

我会对她说："你看，大树、你和妈妈、汽车。"

起初,孩子并没有多大反应。

于是我就先说:"你和妈妈看见了大树旁边的马路上有好多汽车。"

孩子听了后很兴奋,说道:"我和妈妈站在大树旁看汽车,哈哈。"

我们一路走一路说,充满了欢笑。

语言能力的发展对孩子至关重要,如果孩子的语言能力可以从游戏中得到发展,那么父母为什么不帮助孩子设计一些小游戏,和孩子一起玩呢,而且还可以让亲子关系更加亲密呢。

爱问没有错,回答有技巧

孩子总是有着无比强烈的好奇心,他们从不管自己问的问题是不是可笑,也不会去想爸爸妈妈能不能回答自己的这些问题。尤其是当孩子到了快要入学的年纪时,他们会变成一个"十万个为什么"。他们见到什么问什么,想到什么问什么。"为什么有的豆子是青色的,有的却是黄色的?""为什么妈妈穿裙子,爸爸从来不穿?""天为什么是蓝的?""月亮为什么不会掉下来?""我们为什么会有五个手指?""我是怎么来的?"……

如果父母对孩子的问题能够认真、充分地解答,孩子会感到被尊重，好奇心也得到发展。所以，父母应该保护好孩子的好奇心，认真回答孩子的每个问题。

如果当时实在没有时间和精力去解决孩子的问题，也要记住在自己空闲的时候，给孩子解答。有时候，孩子问的问题可能自己也解决不了，或者给孩子解释不清，那么应该告诉他，这些是自己不能解答的，或者告诉孩子等到他长到一定的年龄，才能听懂这些东西。

但是，实际生活中，当孩子们不断地问"为什么"时，父母一般都会不胜其烦，就算有耐心的父母，也未必有能力一一解答孩子的问题。

所以，在问问题的时候，孩子们常常会"碰壁"："小孩子，不懂的不要乱问！""不是告诉你了吗？你怎么这么事多？""你怎么这么多事？我也不知道！"……于是，这个小家伙伤心地走了，他这才知道原来问问题需要一些条件，原来问问题是错误，原来大人也有不知道的时候……于是，很多小孩子都乖乖地闭上了嘴巴，看到一些新鲜的事情，也不会马上就大喊"妈妈，那是什么？"所以，我们会发现，孩子越长大，问题也就越少了，家长也不必费尽口舌地告诉他，这是什么，干什么用的，为什么会出现这样的现象？总之，解脱了！

可惜的是，孩子天生的好奇心在问题消失的时候，也随之慢慢消失了。这是一个失败教育的开始。随着好奇心的泯灭，孩子就不再去主动认识世界，自然而然地，孩子认识世界的能力也降低了。同时，他们也很少再有主动获得知识的快感。随之而来的，他也就失去了本身应该具有的独创性，而这才是他们人生中重要的东西。一个人没有了好奇心，没有了独创性，也就没有了主动认识问题、解决问题的能力。

其实，父母回避孩子不断问问题的心理虽然可以理解，但是不能提倡。父母在孩子心中的威严并不完全建立在"博闻多识"这一条上，对事情的态度、对孩子的信任和尊重、在工作上取得的成绩、夫妻之间的评价都会影响到孩子对父母的认识。如果一位妈妈在平时的生活中很积极，面对家庭的困难也毫不气馁，对爸爸和孩子都呵护备至，常常得到邻居的称赞，那她在孩子心目中就会有很好的形象，即便遇到问题不会回答，孩子也不会因此改变对妈妈的崇拜。

另外，承认错误是一种勇气，承认自己的无知更需要勇气。当父母在孩子面前真实地说出自己也不知道的时候，孩子与你的距离会更近。

当然，承认自己不知道还只是回答问题的第一步，如果只说一句"我也不知道"就走人了事，会让孩子感到失望。怎么办呢？当孩子的提问兴致在没有回答的情况下大减时，父母不妨说："虽然我现在不知道答案，但是我知道在哪里可以找到答案。让我们去图书馆寻求神秘的答案吧！"听到父母的这番话，孩子会马上兴奋起来，想去图书馆探个究竟。

不要因为怕自己丢面子，怕在孩子面前没有权威，随便编个答案告诉他。这对孩子没有任何好处。在他没有知道事情真相之前，会把你的答案当作真理，告诉别的小朋友。这样，带给他的很可能是嘲笑和讥讽，而在他知道真相之后，就会不相信你了。

独立解决问题的能力是拉开人与人之间的差距的重要指标，当孩子向你提出难以回答的问题时，不要回避或假装知道，尽管把真实的情况告诉他，让他学会独立解决问题，这样的他才能成长得更扎实、更健康。

缺乏沟通时间，你可以试试这样做

佳佳所在的学校布置了这样一道家庭作业：周末与父母闲聊，周一班会上要交流闲聊情况。

周末，佳佳的爸爸要到田里去掐豌豆头，佳佳为了完成作业也跟着去了。爸爸在前面掐，佳佳在后面跟。佳佳不时发问："豌豆头被掐了，它会疼吗？还能长出新头吗？豌豆怕冷吗？会被冻死吗？"对她的问题，父亲全都不厌其烦地一一做了回答。后来佳佳告诉爸爸，跟爸爸闲聊，使她长了不少知识，也感到很快乐。

从某种意义上来说，父母与孩子之间的相处与夫妻关系也有相似之处。如果夫妻俩白天都忙于工作，回家后依然是那样正经地说话，那么家庭就不会有朝气和活力。同样的道理，父母白天有许多工作要做，孩子有许多功课要学，如果在父母下班、孩子放学后，父母还像上班时候那样正经八百地和孩子说话，父母和孩子之间的感情就不容易得到很好的沟通，也会使双方的距离越来越远。在家庭休闲生活里，父母和孩子之间如果来点"废话""闲话"，作为生活的"调味品"，可以使自己和孩子的情绪都得到放松，在无形中达到思想和情感的沟通。

"调味品效应"原本是指夫妻之间由于说些"废话""闲话"而产生的心理交融的现象。这种"废话""闲话"，给感情生活增加了点缀和调剂，使之更加丰富有趣；也使夫妻在不断地闲聊中，一点一滴地增加相互的了解，更容易形成默契，减少误会的产生。夫妻之间这种类似调味品的"废话"，其实并不是"废话"，它可以使两颗心靠得更近，使双方思想更加协调，感情更加融洽，生活更加美满。

在家庭教育中，父母和子女之间也可以利用"调味品效应"，来达到使家庭氛围和谐、亲子之间沟通更顺畅的目的。

也许很多家长会说："我一天到晚忙得要命，哪里来的闲工夫和孩子瞎扯？"其实父母忙，无非是忙工作，忙家务，为挣钱，归根到底在很大程度上也是为了孩子忙。

与孩子沟通，并不需要拿出大块的时候来与孩子聊天。做家务的时候，工作的间隙，都可以拿来与孩子闲聊一下。闲聊可以丰富孩子的生活，使孩子的情绪得到调剂和放松，同时也不要小看闲聊的作用,在这些闲聊中,父母同样可以及时了解孩子的思想动态,为进一步有针对性地进行教育打下基础。

如今的孩子大多数物质生活都比较优越,但是精神生活却相对空虚。孩子们周一到周五的时间在学校度过,有老师和同学相处倒还算充实。而到了周末这两天,父母只顾上班或干活,顾不上孩子。孩子在完成作业之后,只能与电视为伴,会感到十分孤独和无聊。如果这时候,父母抽出一点时间与孩子闲聊,就可以让孩子的课余生活变得更丰富更有意义。

与孩子闲聊的话题有很多,从天文到地理,从凡人到名人,从思想到生活,从学习到玩耍……只要是孩子感兴趣的,都可以拿来聊。教育学家总是在大声疾呼:孩子的思想教育不能放松。其实跟孩子闲聊,就是对孩子进行思想教育的很好的方式,而且闲聊在改变孩子不良的心理和行为方面,有着独特的作用,因为闲聊可以生动地让孩子明白道理,而不会因为枯燥的说教让孩子感到心理压力,或者产生逆反心理。

当然"调味品"并不是越多越好,它不能充当"主菜",否则就起不到"调味"的作用了。但是父母与孩子之间的闲聊,可以"润物细无声"地向孩子传输某些知识和观念,并且密切亲子之间的感情,在这一点上,闲聊有着不可替代的作用。

自己的孩子自己带

奥地利著名的生物学家康拉德·劳伦兹曾经对灰腿鹅进行了一项不寻常的实验。他把灰腿鹅生的蛋分为两组孵化。第一组由母鹅孵化，孵出的雏鹅最先看到的活动物是母鹅。后来出现的现象是母亲走到哪儿，它们就跟到哪儿。第二组蛋使用人工孵化器孵化的，雏鹅出世后没有让它们看见自己的母亲，而让它们最先看到劳伦兹本人。奇怪的事发生了：劳伦兹走到哪儿，小鹅就跟到哪儿，原来小鹅把劳伦兹当作"妈妈"了。

随后劳伦兹把两群小鹅放在一起，扣在一只箱子下面，让母鹅站在不远的地方。当劳伦兹突然把箱子提起时，受到惊吓的小鹅分别朝两个方向跑去：记住母亲的那些小鹅冲向了母鹅，记住劳伦兹的则朝劳伦兹跑来。

这就是生物学中常见的"印随行为"。以后又有很多科学家对此进行了研究，发现能产生印随行为的动物有许多种，大部分鸟类、豚鼠、绵羊、鹿、山羊、水牛、某些昆虫及多种鱼类都能产生印随行为。

虽然这是发生在动物界的现象，但是也给我们以启示。那就是妈妈的工作不能由别人代替，孩子的教育必须要由母亲来承担。小动物出生之后都会本能地追随母亲，何况是有情感、有思想的人类呢？孩子不仅需要生理上的满足，还需要母亲感情的投入。现在很多母亲都是职业女性，也许没有很多的时间和孩子朝夕相处，你可以请别人代为照顾孩子的生活起居，但是孩子的教育和平时的感情满足，这是一个母亲的天职，无论有什么样的理由，这个责任都不能推卸。

孩子成长的早期环境将会直接影响他成年后的社会关系，决定他与别人相处的模式。如果他从小没有形成良好的依恋关系，那么在他日后与别人建立信赖关系方面就会出现障碍。孩子刚出生的时候，第一个本能反应就是寻找母亲的乳头，因为这是他与世界的第一个紧密、安全的联系。一岁半之前，孩子需要和母亲亲密相处，才能建立母婴依恋的安全感。如果这个时候，母亲不能照顾孩子，那么这种安全感将很难建立，孩子心里会充满恐惧。

后来劳伦兹又做了一个实验，他把刚出生的小鹅与外界隔离，过了几天再让别的动物去接近他，结果小鹅就再也不找妈妈了，即使母亲出现也不去理睬。劳伦兹把这种现象称为"母亲印刻期"，也叫作"关键期"。

这个时期非常有限也很短，错过这个时期，小动物就再也不能形成"母亲印刻期"了，以后也不可能弥补。所以自己的孩子自己带不仅是为了让孩子得到好的教育和形成安全感，从母亲的角度来说，这也是与孩子建立感情的最好时期。只有在这个时候对孩子进行了感情投资，孩子才可能与母亲形成亲密的关系，并把这种与母亲的亲密感保持一辈子。

此外，现在的母亲大多是把孩子交给老人抚养，其实这样做虽然自己轻松，但是却拉开了自己与孩子的心理距离，而且对孩子的成长十分不利。

虽然老年人对孩子的爱不能否定，但是他们的爱同样会对孩子产生很大的负面影响。大多数老人都喜欢安静不愿意外出，而孩子却是时时刻刻需要新鲜的刺激才能健康成长的，孩子的语言能力和交际能力也需要他们不断地与外界接触，老人带大的孩子在认识事物、探究事物上的能力有限，这会让孩子视野狭小，缺乏应有的活力，不利于培养孩子开阔的胸襟和活泼、宽容的性格。这样长大的孩子，不善与人交际，很容易产生交际恐惧症。

孩子是上天赐给母亲的天使，每个母亲都有抚育他们的责任，除了在生活上的照顾外，心理上的影响更加重要，而这也关系到孩子日后基本心理素质的养成。所以自己的孩子最好自己带，并且抽出尽可能多的时间陪伴孩子成长，这将是母亲送给孩子最好的礼物，当然也会成为一个母亲一生中最美好的回忆。

第三章

面对成长的烦恼，孩子需要父母的抚慰和引导

正确面对孩子的"认生"

风和日丽的一天,妈妈带着一岁半的乐乐在公园小路边的草丛中玩耍。可爱的蝴蝶从乐乐眼前翩翩飞过,乐乐高兴地晃动小手,试图用小手抓住蝴蝶,却见蝴蝶轻盈地从她的手前掠过,逗得乐乐手舞足蹈。这时,邻居家的王爷爷从远处走来,笑眯眯地对乐乐说:"乐乐,爷爷抱抱你?"说着王爷爷就伸出了双手,乐乐"哇"的一声哭了起来,推开王爷爷的手,哭着跑向妈妈。妈妈抱起她一边安慰,一边说:"这是王爷爷,怎么不认识啦?上次王爷爷抱你时,你还那么听话,怎么突然间就不乖了?"

认生不是突然发生的,是一个逐渐显露的过程。4个月的婴儿对陌生人也笑,只是比对父母笑得要少。他们对新奇的对象显示出极大的兴趣,不害怕陌生人。4个月~5个月的婴儿注视陌生人的时间甚至会多于注视熟人的时间。到了5个月~7个月,婴儿见到陌生人往往会出现一种严肃的表情,7个月~9个月见到陌生人时就感到苦恼了。

很多孩子在1岁多的时候都会出现认生现象,其实这是孩子身心发育过程中一种很正常的现象。在心理学上,人们将婴幼儿对陌生的人所表现出来的害怕反应称为"怯生"。过去有一段时期，人们认为怯生和依恋一样，是一种不可避免的、普遍存在的现象。但是现在许多研究表明，认生不是普遍存在的。孩子对陌生人的害怕取决于很多因素，这些因素包括陌生人的行为特点、儿童发展的状况、儿童当时所处的环境，等等。

下面是引起儿童认生的几个因素：

1. 父母是否在场

如果父母抱着孩子，这时即使陌生人进来，对孩子的影响也不大。但是如果父母与婴儿有一定的距离，那么孩子就可能害怕。

2. 看护者的多少

如果婴儿只由母亲一个人来看护，那么他所产生的害怕的程度可能比由许多成人看护的婴儿要高。在托儿所看护的婴儿与在家里看护的婴儿相比，前者发生认生的情况比后者少。

3. 婴儿与父母的亲密程度

婴儿与父母的关系越亲密，婴儿见到陌生人越害怕。

4. 环境的熟悉性

如果自己家里进来一个陌生人，那么他们几乎没有认生的反应；要是婴儿在一个陌生的环境里，这时有陌生人走进来，有50%的婴儿会产生害怕的情绪。

5. 陌生人的特点

婴儿并不是对所有的陌生人都感到害怕，他们对陌生的儿童的反应与对陌生成人的反应完全不同，他们对陌生儿童产生积极温和的反应，而对陌生成人感到害怕。此外，脸部特征也是引起婴儿害怕陌生人的重要因素。

6. 婴儿接受刺激的多少

婴儿平时获得的听觉刺激和视觉刺激越多，越不容易认生，这是因为儿童已习惯于接受各种刺激，所以即使陌生人出现，他们也不觉得新奇，因而不太容易产生害怕的情绪。

那么父母怎样做，才能让孩子不认生或减少认生的情况，塑造活泼开朗的性格呢？

首先要抓住孩子不认生的阶段（4个月以下），多带婴儿到更广阔的生活天地中活动，接受丰富多彩的刺激，特别要让孩子接触各式各样的人群，熟悉男女老少的各种面孔；对于安静内向的婴儿来说，父母要有意创造与人接触的各种条件与环境。这一段时间的训练，也是决定以后是否会认生的关键。

4个月以后的孩子已经有了认生现象，这个时候既不要避免让他们与陌生人接触，也不要强迫他们与陌生人接触，否则会适得其反。父母可以经常带孩子到亲朋好友家串门，或邀请他们来自己家做客。但是要避免众多的陌生人七嘴八舌地一起与他打招呼或争抢着抱他的情况发生，因为这会使他缺少安全感，增加认生的程度。

到了2~3岁仍然认生的孩子，父母不要当着孩子的面经常提起他这个缺点，以避免增加孩子的心理压力。可以常带孩子到儿童游乐场，先让他与陌生的孩子交往；还可以为孩子寻找不认生的孩子做伙伴；当孩子能够自然地回答陌生人的问话或有礼貌地跟陌生人打招呼时，一定要及时肯定和称赞。

做孩子的灯塔

安安今年6岁了，在幼儿园的时候是个活跃分子，每天都有说有笑的，蹦蹦跳跳的。妈妈原本以为这样的孩子进入小学一定会很快适应环境的，但是却没想到只上了2个星期小学，安安就像变了一个人一样，每天安安静静地不再说话，父母跟她说话的时候也是心不在焉的。妈妈以为孩子在学校出了什么问题，就给班主任打了个电话，班主任说："没发现什么异常，安安是个很文静的女孩子。"放下电话，妈妈觉得很奇怪，难道上学能够改变人的性格吗？后来经过仔细询问，妈妈才知道原来安安觉得周围的同学很陌生，不喜欢和他们说话。妈妈想原来孩子有这么大的心理压力。

一个人在特定的环境中生活时间长了，这个环境就会成为他的一部分，每件物品也不再是单纯的物，他的情感也渗透其中。环境中物品的组合方式、自己与周围人之间的关系都成为生活的一部分，这种情况就是我们常说的"同化"。而孩子离开幼儿园来到小学不仅在环境上有很大的改变，而且小学对孩子的培养重点和要求也会产生很大的改变，这是一个较大的跨度，适应起来比较困难。为了避免孩子在这个阶段产生迷茫，家长应该做孩子生活和学习中的灯塔，把他引到正确的航向上来。

其实对于孩子如何适应小学的问题，最好是提前引导孩子适应小学生活，让孩子在入学之前就对校园生活有个初步的认识。

1. 逐步改变孩子的作息时间

学校有自己的制度和计划安排，所以要求孩子不能迟到。在这种情况下，孩子通常需要早上7点之前就起床，因此为了保证孩子充足的睡眠，父母要让孩子提前上床睡觉，而不是像上幼儿园的时候一样能让孩子比较灵活地安排时间。

2. 提前带孩子到学校参观，熟悉环境

开学前，父母可以带孩子到学校参观，让孩子认识上学的路线，然后告诉他学校的一些设施和活动场所，并且给他描述在教室上课的情况与课外活动的种种乐趣，逐步培养孩子对学校产生好感，熟悉环境。

3. 利用孩子提出的问题让他对学校产生向往

孩子总是喜欢提出各种各样的问题，家长在给孩子解答的时候可以说："你问的问题越来越有深度了，妈妈也不完全懂，等你上学了，老师会告诉你的。""到学校上学，你会学到很多知识。"这样孩子就会对上学产生兴趣，并且在脑海中形成一个初步的概念。

4. 培养学习兴趣

爱玩是孩子的天性，贪玩并不奇怪，所以父母不要惊慌，而是要开动脑筋把玩和学习联系起来。学习形式多种多样，当孩子不肯读书时，可以找几个小朋友到家里和孩子一起读。出去玩的时候，也可以引导孩子对一朵鲜花，或者一件事情进行描述，这样既能让孩子玩得开心，也可以让孩子学得轻松。

5.鼓励孩子参加集体活动

到了学校，集体生活会逐渐占据孩子的大部分时间。刚进入小学的孩子与同学相处的时候可能会不习惯，也会因此对学校生活产生恐惧感。这时候，父母要多多鼓励孩子参加集体活动，如运动会、游戏等，也要放手让孩子去同学家玩，或者邀请同学到自己家。让孩子在活动中学会与人交往，逐渐适应小学生活。

让孩子顺利找到归属感

每个人都需要归属感，孩子也不例外。也许孩子会对自己的这一潜在需求不自知，不会向家长表达自己的需求，但是爸爸妈妈作为成人可以用自己的切身感受来设身处地地为孩子设想他的需求。而往往这些需求正是家长们易忽略的地方。有一位苦恼的家长曾经向儿童心理学教育工作者写过这样一封信，诉说自己在教育孩子时遇到的困难：

老师，你好！

我的孩子今年9岁，即将就读小学四年级。但是孩子很贪玩，一点都不爱学习，回到家就打开电视看动画片，不写作业。现在放暑假了，孩子成天都不着家，在外面和伙伴们四处玩耍，一整天都见不着人影儿。老师布置的暑假作业基本没怎么写。孩子不写作业，不听话，爱撒谎，还跟大人顶嘴不认错！有时候孩子实在调皮得让人生气，我就动手打他了，没想到孩子不仅不怕，还骂人，甚至还手。我实在管教不了这孩子，总觉得这么下去天不怕地不怕，哪天就惹个什么事儿出来，孩子对世界没有敬畏，指不定某天做出什么无法弥补的错事，现在越想越觉得害怕！现在我们都不打他了，只有实在太生气才打他。也许是以前打孩子打太厉害了，孩子才出现这么过激的行为吧？您说孩子这样应该怎么办啊？该怎么管教这孩子呢？谢谢了！

一位苦恼的家长

中国有句古话是"黄金棍下出人才"，多少年来这句话一直作为父母教育孩子的传统育人法宝。然而父母要做到的是用心去了解孩子的心理，打孩子可能出现的最大弊端便是孩子归属感的缺失或转移。父母对孩子打骂的次数太频繁，打骂的程度太严重，孩子会渐渐排斥父母，心不再和父母贴在一起，认为自己的归属感不在父母这里，从而把归属感转移到其他地方去。成人的心理核心是安全感，而孩子的心理核心是归属感，孩子所必需的吃饭穿衣他自己解决不了，所以他必须有归属，孩子的归属感在谁那儿，他就愿意听谁的话。孩子不听话，正是归属感缺失的迹象。

孩子出生后最初的需求只限于父母带给他的爱，然而孩子一天天长大，开始接触到除父母以外的朋友、群体和机构，开始有自我意识。这时候，孩子通过归属于某个群体，学会与他人和睦相处，在群体活动和他人的交往中形成对自我的认识。孩子一旦归属于某个群体，便意味着这个群体也需要他、接受他，这会为孩子判断自己是一个什么样的人以及该如何行动提供指引。如果孩子在长大成人的过程中，觉得自己既不归属于家庭，也不归属于学校，觉得自己被人嫌弃（比如因为遭到他人不留情面的批评），他就可能到别的什么地方寻求接纳并获得归属感。为了让孩子顺利找到归属感，家长们得采取一些施爱小技巧。

培养孩子的归属感，首先要培养他对自己家庭的认同感。首先，家长要试着寻找机会多跟孩子交流，主动分享孩子感兴趣的事情，让孩子对家长产生认同心理。你会发现，在某个瞬间，孩子突然对你敞开心扉。

其次，偶尔给孩子讲讲自己家族的故事，让孩子了解自己与家长的渊源，对自己的家庭产生兴趣。凡是举行家族活动时，尽可能让孩子参加，不要因为孩子小不懂事，给大人添乱，放弃了让孩子融入家庭里来的宝贵机会。

再次，学校是孩子成长的重要场所，培养孩子对学校的认同感十分必要。第一，家长可以多支持孩子参加学校组织的一些社团大型活动，例如义卖会、音乐会等，让孩子在学校中找到归属感。第二，平时多留意孩子的言行，当发现孩子有太多的独处时间时，建议孩子加入一些社交俱乐部，或者某个兴趣团体，避免孩子出现"孤独"的征兆。第三，老师对学生要做到尊重，让每个孩子都觉得自己是班里平等的一员，每个孩子都有机会参与，受到大家的重视。

最后，孩子最终要走向社会，培养孩子亲社会的态度显得十分重要。父母应帮助孩子弄清时尚和服装何以会成为人们归属感的标志，给孩子以经济上的帮助，让他"融入其中"，而不是一直打压孩子跟风的追求，因为这恰好是孩子寻求归属感的表现。

及时去掉心理包袱，让孩子轻松前行

美国自然科学家、作家杜利奥曾经提出过这样一条心理定律，并将它命名为"杜利奥定律"——没有什么比失去热忱更可怕，一旦失去热忱，人便垂垂老矣。这条定律要说明的是，如果人的精神状态不佳，那么一切都将处于不佳状态。从根本上来讲，杜利奥定律要说的就是人与人之间其实只有极其微小的差距，可就是这微小的差距，却可能会导致人成功或失败。如果差距的属性是积极的，那么就是成功；如果差距的属性是消极的，那么就是失败。换句话说，成功与失败只在一线之间，而这条线，就是人的心态。

在宜男的记忆里，从来就只有他的爸爸和爷爷奶奶。由于妈妈的早亡，他从小就过着单亲家庭的生活。

每次看到同学朋友和爸爸妈妈一起合家欢乐的时候，他就由衷地感到羡慕，而且总是梦想着自己也能得到爸爸妈妈共同的呵护和关爱。但是，他也知道那是不可能实现的，所以上初中之后，他就越发变得消沉，内向话少，很少和同学打闹，有意封闭自己，越来越孤僻。

他知道自己的梦想永远不可能实现了，所以就把寄托放到了高考上，一心要考出好成绩，考进理想的大学。可是，两年以前高考时，因为之前用脑过度又过于紧张，他在考场上出现了记忆空白，惊慌失措等症状。也正是因为这样，他落榜了。这一年的九月，当他看到昔日的同学纷纷进入大学校园时，不免开始感到深深的自卑。从此以后，宜男就患上了忧郁症，身体也越来越不好了。

情绪的作用是巨大的。对于孩子来说，孩子比大人拥有更敏感更脆弱的心灵，这在孩子青春期时体现得尤其明显。因为这个时期孩子的心理还没发育健全，还没有足够的应对能力，所以在面临挫折或是突发意外时，往往会有比较大的情绪浮动，表现为叛逆心理、易烦躁、情绪多变，等等。

孩子的心灵是很脆弱的，忧郁这个词常常在孩子的人生中作为一大阻碍，孩子会因为不同的事使情绪低落。父母是孩子最好的呵护者，也应是孩子最好的心理治疗师，因此要密切注意孩子的情绪发展状态。当孩子出现负面情绪时，要站在孩子的角度分析他的顾虑，及时帮他理清自己的情绪，去掉心理的包袱，让孩子步履轻盈地走过成长之路。

　　作为家长，当孩子出现负面情绪时，不能自乱了阵脚，要时刻保持冷静，理性地和孩子一起分析所面对事物的利与弊，引导孩子回到正常状态上来。或是帮助孩子发现有趣的事物以转移他的注意力。当孩子充满负面情绪时，他的注意力往往很难从当前这件干扰他心绪的事情上转换出来，所以父母不妨多让他出去和同学玩，或是发掘他的兴趣。最重要的是，要告诉你的孩子无论如何你都在他的身旁，让他感到自己不是孤立无援的，"没有什么问题解决不了""开心面对每一天"。积极的心态能战胜一切，让孩子获得心灵上的支撑。

　　小静家境优越，又是家中独女，所以从小就被家人报以很高的期望，她对自己的要求也很高，成绩一直很优秀，每次考试也是名列前茅。直到有一次期中考试前，小静因为感冒发烧没有复习好，所以那次考试不是很理想，为此小静一直闷闷不乐，不过她的父母并没有因这次考试责怪她，反而鼓励她下次加油。但是，从那以后，小静的心情再也没有像以前那么好了。为此，小静妈妈为女儿请了假，并和班主任谈论了小静的情况。班主任也发现，自从期中考试后，小静就开始沉默寡言。后来，小静好像封闭了自己，成绩下降，记忆力下降，人也不再开朗……

　　不被注视的失落感、失去自由玩耍的机会，等等，这些都有可能成为导致孩子抑郁的原因，会让孩子感到不快乐、忧郁和恐惧。如何让孩子摆脱这些负面情绪，甩开不必要的包袱，重新变得快乐起来，也是父母最需要注意的地方。

比较好的办法是，多鼓励、多倾听，让孩子用自己的方法减轻压力，比如大哭一场，或是通过运动来排解不良情绪。孩子不像成人那样善于运用倾诉的方法，所以有的时候他们并不能够有效地通过交谈来抒发缓解自己的负面情绪，或许是因为无法正确表述自己的意思，或许是因为觉得家长和自己有代沟无法说到一起去。这个时候，身为最关心孩子的父母，就要少说教多倾听，多从小细节处发现孩子的想法，听他说他的烦恼。即使孩子并不能完整地表达出他想说的意思，也能让他感到父母是能够理解他支持他的，这自然能缓解他心中的紧张情绪，产生安全感，减轻烦恼，及时从困扰中抽离出来。

理解孩子，孩子也会"心累"

小迪由于刚刚上了初中，对初中的学习和生活不太适应，所以每天疲于应对各科作业，对那些课堂小测验更是应接不暇，后来干脆书本连碰都懒得碰，总是用尽各种方法逃避上学，迟到早退，赖床，无所不用其极，最后索性不再去上课。

小迪的父母很是着急，怎么劝说都没用。问她原因，她也只是说看不清黑板上老师的板书或者身体不舒服等。面对父母的责备，小迪的情绪也反反复复，今天说一定会努力，争取考上重点高中，明天又说不考了。

小迪的情况其实就是学习上的疲劳。学习上的疲劳分为两种，一种是生理性疲劳，这种疲劳通过短暂的休息就能得到消除；另一种是心理上的疲劳，这种疲劳单靠休息是不行的，小迪这种正是由于功课和考试的紧张所导致的心理上的疲劳。当孩子遇到类似于这种情况时，妈妈就需要多加注意了。

一般情况下，心理疲劳表现为无精打采，对曾经爱好的事物也提不起兴趣。举例来说，体育场上的运动员比赛，胜利的一方会因胜利的喜悦而冲刷掉疲劳显得生机勃勃，失败的一方则通常会表现得懊丧不已，甚至会短暂地失去信心。即使提起精神应对下一场比赛，也会失去热情，丧失斗志。

别以为孩子年纪小，就不会感到疲劳。孩子同样会出现心理疲劳的现象，具体到行为上，就会表现为不想上课、不愿做作业、注意力无法集中、对父母过问学习上的事表现得极其不耐烦、上课打瞌睡、下课也不够活跃，等等。这种心理上的疲劳一般都不是突然发生的，而是长时间的压力过大导致精神紧张所造成的。长期在这种紧绷状态下，孩子就会因为精神后劲供应不足而产生心理疲倦，学习精神也随之衰竭。这就像心脏血液的供给，一段时间内处于高速供应状态，一旦出现纰漏，那么就很容易出现心脏衰竭的情况。

如果让一个成年人连续不断地做一件事情时，他也会感到厌倦，孩子就更是如此。厌倦的情绪会令人提不起精神，做事无力也无热情，进而形成心理上的疲劳。如果妈妈发现孩子已经有心理疲劳的迹象，那么就应帮助孩子放松，多和孩子唱唱歌、听听音乐、做做游戏等，多让孩子感受生活的乐趣，同时放松身体。有的时候，身体疲劳的减轻也有助于心理疲劳的缓解。

对孩子过高的期望也会给予他沉重的压力，进而造成心理疲劳。如果孩子达不到家人的期望值，就有可能会对自己的能力产生怀疑，甚至还会自暴自弃，这无论是对孩子当前的学习还是今后的生活都会造成极其恶劣的影响。身为孩子的妈妈，更要经常对孩子表达鼓励之情，巩固孩子的自信心，即使他取得了一丁点的进步，也要及时进行鼓励。成功是一步一步走出来的，即使孩子一时失败了，也要相信他，不要让他过于自责，因为一定的自我反省可以让人得到发展，但如果过于自我苛责的话，非但不会发展，反而会让孩子消极。

因此，父母就要在平日的生活中多挖掘孩子的兴趣，让孩子对所做的事物充满喜爱之情，让他摆脱疲倦的状态重新燃放出活力，这是最重要的。对于学习来说，不以分数为衡量孩子价值的区别，不做横向比较，多做纵向比较，和孩子一起理好近期和远期的奋斗目标，这是父母最应该做的事。

总而言之，当你的孩子对事物感到厌倦时，不如就让他停下来歇一歇，告诉他："爸爸妈妈理解你。""你做到现在已经很棒了，对自己的要求要符合你自己的实际情况，不要过分苛责自己。""只要你尽了力，无论什么结果，对于爸爸妈妈来说都是最好的。"让孩子感受到来自父母的关心、理解和关爱，这是解除他心理疲劳的最有效的办法。

帮孩子克服恐惧症

涂涂今年9岁了，是个勇敢、坚强的小小男子汉，打针的时候眉头都不皱一下，平时最喜欢带着小朋友玩探险游戏。可是，有一天涂涂和小朋友玩的时候，不知道从哪里蹿出一只野猫，涂涂一见，立刻打了个哆嗦，大叫一声，转身没命地往家里跑。原来，涂涂最怕猫了。还是涂涂小的时候，妈妈带涂涂去公园，把他放在长椅上。忽然有一只猫被淘气的孩子追得慌不择路，竟然一下子跳到了涂涂的脸上，还把他抓伤了，涂涂吓得大哭。从那时开始，涂涂就非常怕猫，连动画片《猫和老鼠》都不敢看。

其实，涂涂怕猫是恐惧症的一种表现。

儿童恐惧症，是指儿童对日常生活中一般客观事物和情境产生持续的、不现实的、过分的恐惧、焦虑，达到异常程度。

虽说恐惧心理是一种痛苦的情绪体验，但它是一种自我防御机制，它会促使人们快速离开危险的环境和物品，显然是有利的。正常儿童对一些物体和特殊情境，如黑暗、雷电、动物、死亡、登高等会产生恐惧。

不过儿童的恐惧也分异常和正常两种。如果儿童的恐惧程度轻、时间短，没有超越儿童的年龄、认知水平和环境，则可以视为正常。反之，如果恐惧持续的时间较长，超越了儿童的年龄、认知水平和环境，或明知某些物体或情境不存在危险，却产生异常的恐惧体验，就应当视为异常。患儿会由于恐惧产生退缩或回避行为，不易随环境和年龄的变化而改变，任何劝慰、说服、解释都没有用，严重影响着儿童的正常生活和学习。

儿童恐惧症根据内容可分为三大类。对损伤的恐惧，如怕鬼怪、怕受伤、怕出血、怕生病、怕死等；对自然事物和现象的恐惧，如怕黑、怕高、怕打雷、怕动物等；社交性恐惧，如怕陌生人、怕上学、怕考试、怕当众讲话等。

儿童恐惧症是一种心理性的问题，最有效的办法是心理治疗。首先应明确引起恐惧的诱因，然后有针对性地进行治疗。

认识治疗法：帮助患儿建立治疗信心分析恐惧对象，使患儿充分了解怕的对象，从而正确评价自身及恐惧对象。

暴露治疗法：将患儿骤然呈现在恐惧对象之前，刺激其建立对恐惧对象的正确认识。这种方法治愈速度快，但是刺激性太强，患儿必须有一定身体条件。

最为常用的方法是系统脱敏法，这是目前被认为治疗恐惧症最安全而有效的行为治疗方法。即设定阶梯性恐惧值，循序渐进地消除其恐惧心理，先用轻微的较弱的刺激，然后逐渐增强刺激的强度，让患儿逐渐适应，使之对刺激的恐惧程度逐渐降低，最后达到消除恐惧症的目的。

引起儿童恐惧的原因多种多样，但主要是两种因素：先天遗传和后天习得。研究发现，多数儿童恐惧症的起因是后天习得的，也就是说，儿童生长所处的环境和接受的教养方式至关重要。比如家长对不听话的孩子采用恐吓的办法，当着孩子的面毫无顾忌、绘声绘色地讲述一些可怕的情形等，会造成儿童恐惧心理，严重的会形成恐惧心理障碍。过分严厉和教条化的教育，过分粗暴或压抑的环境，也会诱发儿童恐惧症。

家长要注意从细微处做起，防患于未然，防止儿童异常的恐惧。有意识地防止将自己的恐惧传达给孩子，注重培养孩子独立生活和解决问题的能力与胆量，对孩子不理解的事物进行解释，尽量避免孩子接触恐怖书刊和影视，平时鼓励孩子多交朋友，多做交流，培养孩子乐观向上的生活态度，如果孩子的恐惧并不严重，对正常生活和学习没有影响，就没有必要渲染和过分关注，可以直接忽视，让孩子在成长的过程中慢慢适应。

别让孩子陷入抑郁症的泥潭

洛洛是老师和家长眼中的好学生、好孩子，学习成绩好，每门功课都很优秀，家长也以此为傲，对她抱有极高的期望，老师也经常表扬她，要小朋友们都向她学习。有一次考试，洛洛因为发烧，身体不舒服，精神不集中，没有考出理想的成绩。慢慢地，大家发现，洛洛变得沉默寡言，也不爱和小朋友们玩了，上课的时候发呆，整天都没精神。家长以为洛洛生病了，带她到医院也没检查出有什么问题。医生认为洛洛是因为家长和老师的过度期望，心理压力太大，加上第一次遇上挫折（考试失利），精神受创，患上了儿童抑郁症。

到底什么是儿童抑郁症呢？

儿童抑郁症是指由各种原因引起的发生在儿童时期以持续心情不愉快、情绪抑郁为主要特征的心境障碍或情感性障碍。抑郁对儿童的身心发展十分有害，会使儿童心理过度敏感，对外部世界采取退缩、回避的态度，对儿童身体成长也有不利影响。

一般来说，儿童在日常生活中因遇到挫折等而表现出悲伤、焦虑等情绪都是正常的，通常随着时间过去，都能自己调整好，重新高兴起来。但是，如果儿童在环境改善后仍不能摆脱抑郁的心境，并导致不能正常进行生活和学习的，那很可能是患上了儿童抑郁症。

儿童患上抑郁症会在情绪、身体、行动上有所改变。情绪上，抑郁症儿童会突然变得沉默寡言、情绪低落、胆小怯懦、对事情没有兴趣、常伴有自责自罪感等。身体上，抑郁症儿童会出现食欲不振，睡眠障碍或嗜睡、疲劳乏力、胸闷心悸等不适症状。行动上，抑郁症儿童一般有两种表达形式：外向型症状和内向型症状。外向型表现为脾气暴躁、冲动不安、喜欢顶嘴等，内向型表现为注意力不集中、经常发呆、与同学关系疏远等。

儿童抑郁症的诱因有很多种，主要是心理刺激方面。比如受到歧视或者虐待，使儿童心灵受到创伤，长期处于自卑状态，认为自己处处不如人，抑郁成疾；家庭动荡、失去亲人、父母离异等使孩子心灵蒙上阴影；家长期望过高，管教过严，超出孩子承受能力，导致其压力过大，情绪紧张；儿童生活环境闭塞，缺乏交流，感情压抑，情绪不能充分发泄等。

家长作为孩子最亲密的人，也应该是帮助孩子远离抑郁的最好的医生。

营造温馨愉快的家庭氛围。父母在孩子面前要注意自己情绪的表达，避免专制的家长作风，关心孩子，尊重孩子，理解孩子，多跟孩子进行交流，接受孩子的倾诉，让孩子充分体会家庭生活的亲密和温馨。

鼓励孩子多交朋友。多组织孩子们的集体活动，教会孩子与他人融洽相处，培养孩子广泛的爱好和乐观宽容的性格，让孩子在交往中体会友情的温暖。

对孩子的教育要适度。根据孩子自身的能力和兴趣进行培养，不要对孩子期望过高，避免对其造成心理上的压力，适量给予孩子一些时间和空间，让孩子自由发展。

提高孩子抗压抗挫折能力。对孩子克服困难给予充分的肯定和鼓励，培养孩子的自信心和应对逆境的能力，避免过度保护，教孩子学会忍耐，在困境中寻找精神寄托，如运动、书画，等等。

对已出现抑郁症状的孩子，首先要分析孩子抑郁的原因，消除环境因素的影响，此外，要帮助孩子建立积极的态度，指导孩子调整情绪并进行适当的发泄，如：倾诉、哭泣等，释放消极的情绪，恢复心理的平静；陪孩子做一些开心或是振奋的事情，以愉快的心情抵消消极情绪；实行目标激励，帮助孩子树立目标，使孩子有方向感。也可根据具体情况采用药物治疗或者心理治疗。需要注意的是，儿童抑郁症严重时会伴有危及生命的消极言行，对于有自杀倾向的孩子，家长要高度警惕，严密监护，并请心理医生进行长期治疗。

蹲下来，从孩子的角度看世界

在一个圣诞节的晚上，一位年轻的妈妈带着5岁的女儿去参加圣诞晚会。热闹的场面，丰盛的美食，还有圣诞老人的礼物……妈妈兴高采烈地领着女儿和自己的朋友们打着招呼，她原本以为女儿也会很开心。但是女儿几乎哭了起来，还坐到地上，鞋子也甩掉了。

妈妈气愤地一把把女儿从地上拉起来，大声训斥一番之后，蹲下来给孩子穿鞋子。在她"蹲下来"的那一刹那，她惊呆了：

她眼前晃动着的全是大人的屁股和大腿，而不是自己刚才所看到的笑脸、鲜花和美食。她忽然明白了女儿为什么会不高兴，因为她"蹲下来"的高度正是女儿的身高。这一次，她知道了，只有"蹲下来"和孩子一样高，妈妈才能理解孩子的感受，才能真正和孩子去沟通。

"蹲下来"，不只是指在生理的高度上尽量与孩子保持相同的高度，更重要的是指在心理上的高度要平等，要用认真而亲切的态度，以平等的态度和眼光把孩子看成一个同样需要尊重的独立的人。其实，是否"蹲下来"与孩子说话，只是一种方式问题，重要的是在父母心中，是否把孩子真正当作和自己一样，是具有独立人格的个体，这才是问题的本质。只有父母在心理上不再居高临下，与孩子完全处于平等的地位时，孩子才会把他的真实想法告诉你。这就是孩子为什么喜欢把心里话对自己的朋友说，却不愿与父母说的原因。

美国一位精神病学家曾经说过："教育孩子最重要的，是要把孩子当成与自己人格平等的人，给他们以无限的关爱。"尊重孩子，认识到孩子也是一个独立的人，有自己的情感和需要，放下做父母的架子，使孩子觉得父母和自己是平等的，这是父母为了孩子的健康成长而所应做的。

可是，在现实生活中，我们经常看到的却是父母站在那里，大声呵斥孩子："过来！""别摸！"从说话态度来看，父母用居高临下、命令式的语调和孩子说话显得很威风，可是此时在孩子心目中的父母，却并不可敬，自然这样的沟通效果就不会好，而且父母也很容易失去威信，时间长了父母说的话孩子不会听，有些孩子还会产生厌恶父母的情绪。无数事例证明，只有父母转变姿态，像对待朋友那样去关爱子女，才有可能让孩子感受到平等。

无论孩子的想法多么幼稚，多么没有道理，父母也要学会耐心倾听，让孩子尽情倾诉。父母只有"蹲下来"和孩子说话，真正同孩子建立起一种平等的朋友关系，才能拉近彼此间的距离，更好地进行沟通和交流；也只有这样，父母对孩子的教育才会越来越容易，父母同孩子之间的紧张关系才会得到改善，家庭才会越来越和睦。

总之，"蹲下来"和孩子说话，是增强孩子独立意识的有效方式。"蹲下来"说话，不仅是一种行为的表现，也是一种教育观的体现。只有怀着崇高的责任心和热切的期望才能"蹲下来"；只有把孩子看作是平等的个体才能"蹲下来"。而只有"蹲下来"，父母才能平视孩子，才能获得和孩子真正交流的机会，才能真正明白孩子心中所想以及他们行为的真正动机。

另外需要提醒父母注意的是，理解孩子的内心感受只能解决问题的一半，更重要的是确认自己的判断与孩子的真实想法是否一致。如果得到孩子的认可，可以采取针对性的解决办法；如果自己的想法与孩子的不一致，那么就要继续引导孩子对自己的行为做出解释，然后再根据具体情况慢慢引导孩子。

"宝贝，你是怎么想的？"

丹丹是科学兴趣小组的成员。每次小组成员跟老师一起讨论实验步骤的时候，丹丹总是不说话，等到其他人都说完之后，她才在老师的催促下慢悠悠地说出自己的想法。有时候，当她说完自己的想法，有同学提出异议，她就会马上说："是啊，我也觉得我的想法有问题，你说得对！"

丹丹是一个典型的和平型孩子，这种孩子总是给人一种毫无主见、容易妥协的印象。如果让他和其他人一起发表意见，他一定是最后一个说话的，而且通常是对别人的肯定。如果他偶然提出了不同的意见，也总是底气不足，只要有人稍有疑问，他就会马上妥协。

其实这是和平型孩子一贯的思维模式决定的。他们习惯于凡事都站在他人的立场去思考，以至于忘了自己的观点。因为只有当他和别人表示一致时，才会觉得自己所做的行为是符合需要的。出于这种行为思考模式和价值观，和平型孩子很小的时候就有从不同角度理解不同的人的心理的能力，他能够理解不同立场的出发点，因此他的随声附和可以说是建立在理解的基础之上。此外，这些孩子很害怕发生冲突，当周围的人出现对立的情况时，他们会感到左右为难，甚至会害怕因此破坏自己平静的内心，因此他们总是迫不及待地想要通过自己的妥协来避免冲突，保持周围环境和自己内心的平静。

如果爸爸妈妈就和平型孩子应不应先写作业的问题进行讨论，双方各执一词，互不相让。爸爸说可以先玩一会儿再写作业，妈妈则坚持说小孩子必须要有良好的习惯并且要建立规律的作息时间。这个时候如果爸爸先和孩子说"你没有必要一定要先写作业，先休息一会儿也可以"，那么这类孩子会说"我也觉得是"；如果紧接着妈妈又对他说"小孩一定要养成先写作业的好习惯"，那么孩子就极有可能又掉过头来附和妈妈："老师也说应该先写作业。"不仅在家如此，和平型孩子在外也会经常附和别人的意见，哪怕这些意见原本就是相互矛盾的。看到孩子这种情况，很多家长都为孩子没有主见而发愁，担心这样的孩子以后在复杂的社会上无法立足。

那么父母可以做些什么来帮助和平型的孩子更好地适应社会呢？

1. 让孩子表达自己的意见，让他们学会说"不"

和平型孩子虽然外表看起来很容易得到满足，但是内心总是觉得别人对自己漠不关心，所以很少表达真实的意愿，父母应该教会孩子堂堂正正地表达自己的意见和要求。从发展心理学上来看，人类所学的第一个抽象概念就是用"摇头"来表示"不"，这个动作是自我概念的起步，它不仅代表着拒绝，也代表着选择，而每个孩子都是在通过选择来形成自我、界定自我的。所以和平型孩子的家长有必要教会孩子如何拒绝他人，如何对别人说

"不"，家长不妨为孩子做一个生动的亲身示范，教会他们用得体的方式拒绝他人。

2. 让孩子学会选择，并为自己的选择负责

从日常生活中的小事开始，让孩子学会自己选择和决定，比如今天要穿什么鞋子去上学，在商店想买哪个布娃娃。孩子开始的时候可能不知道怎么选择，但是为了孩子的未来，父母要有耐心，直到他们学会选择为止。此外父母也不要过于保护孩子或者替孩子承担责任，如果孩子受到了朋友的影响做了错事，要询问孩子遇到的状况，随后鼓励他们为自己的行为负责。

总之，作为和平型孩子的家长，应该有意识地去问孩子："宝贝，你是怎么想的？"并且要直接地告诉孩子，爸爸妈妈需要他的意见，此时孩子就会把表达自己的意见当作维持内心和环境和谐的需要，也就自然而然地能表露心声了。此外，当他说出自己的想法时要及时给予肯定。对于和平型孩子来说，得到家长的肯定是最有力的鼓励和最高层次的赞誉。

及时关注孩子的情绪变化

曾经有一位教育家说过："最好的父母一定是懂得孩子的心事的父母，是在孩子最需要的时候给孩子关怀的父母。"

其实每个父母都想做一个优秀的父母，希望自己可以懂孩子

内心的想法，能在关键时刻给孩子帮助。然而还是有不少父母在教育孩子的过程中发现，这其实是一件很难的事情。

一天，晓峰闷闷不乐地回到家，什么话也没说，可妈妈一看就知道晓峰有心事。

"儿子，怎么了？有什么事情想跟妈妈说说吗？"晓峰的妈妈温和地问了晓峰一句。

"心里有些烦！"晓峰的话中充满了怒气。

"说说吧，看妈妈能不能帮你。"晓峰的妈妈继续温和地对晓峰说。

"今天去上学的时候正好遇到我们班一名女同学，当时她拎的包很沉，所以我就帮她拿了，两人一起走到了教室门口。没想到同学们见了都起哄，连老师也误会了，唉。"

"原来是这样啊！被人误会了，心里一定不好受吧！但你热心地帮助同学拿东西是好事，相信大家的取笑没什么恶意。"

听了妈妈的话，晓峰心头的阴霾渐渐散开了，心情也变好了，高兴地去做作业去了。

孩子在成长的过程中，会遭遇到各种各样的问题，有时候他们会选择主动求助，有时候也会把不快藏在心里。

这时候就需要父母及时关注孩子情绪的变化，从细微的地方去感知孩子是不是遭遇到困难，从而帮助孩子解决困难。

彬彬最近在回家的路上，总是被高年级的同学欺负，他们还恐吓彬彬说要是敢告诉家长、老师就让彬彬好看。这让彬彬心里很害怕,即使回到家里也是一副担惊受怕的样子。

他很想跟爸爸说说这件事情,可是想到同学的恐吓,还是没敢张嘴。爸爸隐隐约约地感觉到儿子似乎有什么话跟自己说。

"彬彬,你有话要跟爸爸说吗?"彬彬的爸爸习惯性地问了彬彬一句。

"没,没有。"彬彬结巴着回答道。

"哦,没有的话就去写作业吧。"

就这样,彬彬的爸爸没有觉察出来彬彬的恐惧,失去了一次帮助彬彬的机会。最后,悲剧发生了,彬彬有一次实在忍受不了那些同学的欺负,开始反抗,用刀割伤了其中一个同学的胳膊,让这位同学住进了医院。

试想一下,如果彬彬的爸爸能够及时感觉到孩子情绪的变化,细心地引导孩子,悲剧恐怕就不会发生了。

及时感受到孩子情绪的变化,不仅仅能及时帮助孩子解决问题,更能给孩子安定的力量和支持,让孩子更有勇气战胜困难,并同父母更亲近。

刘强已经上初三了,再也不像小学时候那样,什么事情都愿意跟妈妈说,这让妈妈很沮丧。

于是,刘强的妈妈开始关注儿子情绪的变化,希望能找到一个机会,让孩子主动跟自己说说心里的事情。

有一天,刘强生气地回到家中,用力地把一本物理书摔在沙发上,然后就躲进了自己的房间中。刘强的妈妈感觉到刘强很生气，于是敲开了刘强房间的门。

"我感觉到你很生气，而且，我猜跟那本物理书有关系。"

"今天下午，我们的物理老师给我们在讲题，我突然想到了这道题其实还可以用另一种方法去解，于是就站起来对老师说了我的想法，结果被他给批评了一顿，说我没有礼貌，随便打断他讲话！"

"怎么也得等你讲完自己的想法再批评你嘛！"

"对，我也觉得，他没有给我说我自己想法的机会，让我很生气！"

就这样，刘强跟妈妈谈了好久，到最后刘强不生气了，刘强的妈妈也很开心，因为自己好久都没有跟儿子谈这么久了。

孩子的成长需要家长的关怀。在平时的生活中，家长要学会做一个有心人、细心人，多抽些时间陪陪孩子，多注意孩子情绪的变化，多为孩子分忧解愁，这样孩子才会和家长更贴心，也才会把心里话和家长说。

善于领会孩子传递的信息

孩子有不同于大人的表达方式，有时候表达自己愿望和渴求的方式会很委婉，有时候会很矛盾，但是不管是哪种表达方式，都需要父母用心去听，要善于领会孩子传递给自己的信息。

"今天晚上我们一起睡吧。"女孩央求着妈妈。

"怎么了,你的床不舒服吗?不是刚给你换上新床单吗?"妈妈不解地问道。

"我就是想和妈妈一起睡。"

"你现在都5岁了,已经是个大姑娘了,怎么还能和大人一起睡呢?"妈妈在那里谆谆教诲。

孩子听完,什么也没说,叹了口气回去了。

孩子的请求,每时每刻都在传递着信息,但是很多家长察觉不到。作为家长,往往会自以为是地推理一番,然后就把孩子打发掉了。其实,孩子的任何想法、任何选择都是有理由的,只可惜很少有家长愿意聆听他们的想法,有的父母即使听了,也没有进一步深究孩子的内心世界。

比如说,一个长期单独睡觉的孩子突然想和父母一起睡觉了,他这么做,也许是因为心里害怕,也许是感到自己不被重视。这些可能的心理情绪和信号,需要父母来解读。

家长们总是习惯于倾向用金钱来衡量爱的深度,似乎觉得越舍得给孩子花钱就越显得真心,对孩子各种要求无条件满足——这似乎是父母们应对教育的"救命稻草"。

苗苗的父母都是上班族,但是由于工作繁忙,经常在节假日的时候加班,留下苗苗一个人在家。父母心中对苗苗有些隐隐的愧疚,为了消除苗苗的孤独感,他们会给苗苗买各种各样的玩具,堆在家里。

其实，苗苗以前很喜欢和爸爸妈妈讲每天发生的事情，但是爸爸妈妈的回应并不让她感到满意。爸爸一回到家，就马上打开电视，看自己喜欢的新闻和足球；妈妈下班之后也直接进厨房，然后就是做各种家务。就这样，苗苗变得越来越不喜欢跟父母聊天了。

当一个孩子变得不愿意跟父母分享自己的事情时，那说明父母该反省自己的时候到了。故事中的苗苗其实并不是天生内向的孩子，是因为没有人听她讲话，所以才变得孤僻起来。父母为孩子精挑细选的那些玩具，不仅不能帮她赶走孤独，反而会将孤独的种子种在孩子的心中。

若干年之后，当孩子长大了，她对童年的印象是什么呢？哦，那真是一段糟糕的岁月，只有一群不会说话的玩具与她为伴。

作为父母，最不能偷懒的事情，就是多多与孩子沟通，多了解孩子的心思，这对孩子的成长是至关重要的。这就需要父母静下心来，多留心孩子说的话，多想想孩子的内心，多思考一下自己能为孩子做些什么。

善于听出孩子的弦外之音

相信很多成年人都有这样的经历，有时候会因为不好意思，选择用一种很隐晦的方式表达自己想说的话，可是还是满心希望听这话的人能听出弦外之音。

其实，不只是成年人，孩子也会有这样的时候。随着年龄的增长，孩子的语言表达能力会不断提高，他们希望得到话语权，希望被尊重、被认可，尤其是对于父母，他们的期待也就更多一些。但是有些时候，孩子又会常常出于一些特殊的原因不愿意将心中的想法直接告诉父母，而是用一种特别的手段。此时的父母应该细心观察孩子的举动，揣摩并理解孩子话中的弦外之音。

李铮是某市重点中学的一名学生，不仅在班上担任班长职务，还在校学生会任职，可以算得上是一个出类拔萃的学生。可最近，向来自信乐观的李铮却有了心事，原来，他在不知不觉中对班上的一名女生产生了好感，他觉得有些困惑和迷茫，于是想把自己的心事跟妈妈说说。

一天晚上，妈妈正在电脑前加班，看妈妈已经快忙完了，他走过去，没有直接说自己的事情，却试探性地问："妈，你累了吗？"

"儿子，妈妈不累。"

"妈，你晚上回家还要工作，一定很辛苦，我给你捶捶背吧！"

"儿子，妈妈知道你懂事，可我现在还没忙完呢。"

听了妈妈的话，李铮知趣地走开了。后来，妈妈转念一想，觉得儿子今天的举动异常，应该有什么事情想跟自己说，于是，她放下了手中的活儿，说："儿子，妈妈忙完了，你有什么想跟我说吗？"

于是，李铮把自己的问题和困惑向妈妈诉说了一番，经过妈妈的开导和教育，他顿时觉得轻松了很多。

在日常生活中，做父母的要多关心和了解孩子，尤其对于那些性格偏于内向、说话喜欢拐弯抹角、不善于表达的孩子，父母在交流的时候要尤其注意观察。这类孩子的内心想法和感受可能不像自己表达的那么简单，也许有着更为深层的内容。

另外，作为父母还可以通过孩子一些肢体语言、情绪以及习惯的突然变化来推测孩子是不是话里藏话。比如一个平时大大咧咧的孩子突然说话小心翼翼，这时候父母就要小心了。孩子心里可能还有一些无法直接开口的话等你去听呢。

只有听出了孩子所说的话的弦外之音，才可以更好地了解孩子的需求，有针对性地帮助孩子解决问题。

其实，要做到这些，也不是很难。下面是给家长的一些技巧：

第一，要认真倾听孩子诉说。只有认真地倾听孩子说话，让孩子感受到你是关心他的，他才会慢慢地打开自己的心门。如果一开始就不认真听孩子诉说，孩子也会将你拒之门外。

第二，在与孩子的交流中，要仔细地观察孩子的表情、肢体动作，等等。孩子的内心其实是藏不住事情的，稍微有风吹草动，他们就会在情绪上或者肢体上表露出来。只要父母细心地观察和留意，一定可以感知到孩子内心的事情。

第三，多站在孩子的角度上想问题。孩子问问题的时候多半是从自己的角度出发，比如，他们问父母每年被遗弃的孩子有多少，其实，他们关心的并不是这个，而是自己会不会被遗弃。

每个父母都想通过和孩子的交流走进孩子的内心世界，那么就请父母多观察孩子，留心孩子的动作和神情，善于倾听孩子说话的弦外之音。

关心孩子的感受，积极地帮助他

每个孩子在成长的过程中难免遇到伤心的事情，因此会偶尔表现出闷闷不乐，不想跟别人交流。但是如果一个人长期沉默寡言，不想跟他人交往，就需要家长特别注意了。

文文的妈妈最近很为女儿担心，因为在前不久的家长会后，老师跟她说，文文平时性格内向、沉默寡言，上课时总不积极回答问题，下课之后也不怎么喜欢与同学交流，这对孩子的成长十分不利。

文文妈妈回想一下，觉得孩子平时就听话而内向，在公共场合胆子向来比较小，不禁怀疑自己的孩子有"社交恐惧症"。

"文文，今天是周末，你怎么不出去找同学玩啊？"

"不去了，也没什么玩伴，我还是在家好好学习吧。"

"学习也要注意劳逸结合啊，你出去玩吧，去找隔壁的肖丽吧,她今天在家。"

"不,我决不会找她玩的,她那么好动,话也很多,还总喜欢到人多的地方凑热闹,我可不想。"

"热闹很好啊,大家一起玩才开心嘛!"

"我不觉得,我喜欢一个人安静地待着,在人多的地方我常常感到害怕而焦虑,遇到有人跟我说话我还会心怦怦跳、手心出汗,我一点也不喜欢跟别人交流!"

文文的妈妈这时才感觉到文文可能是在和别人交往上出了问题。

在现实生活中,像文文一样的孩子不在少数,他们喜欢独自一人,害怕和别人交往,不喜欢在众人面前发言,在与人交谈的时候会表现得焦虑不安,担心自己在别人面前出丑。对人很回避,不能信任周围的人,不能接纳周围的人。

孩子之所以会出现这种行为,主要是源于内心的一种恐惧。这种不正常的心理状态与一个人的性格、心态、成长环境等因素密切相关。

假如一个孩子的性格很内向,那么,他很可能是在童年时期的社交场合遭受过打击,或者是在成长过程中经历过什么让他感到不愉快的事情。这些不舒服的经历让孩子在潜意识中厌恶与人交往。

孩子不爱与人讲话,这本身是一个棘手的问题,说大也大,说小也小,有的孩子在他熟悉的环境中会表现得特别活跃,但是换一个地方换一群人,就会表现出非常内向的一面。要追问具体的原因,说不定还要从家长身上来寻找,很可能是因为孩子本身的生活环境太"安静"了,与人交往的机会太少。

作为家长,要站在孩子的角度上了解孩子内心的这种恐惧,关心孩子的这种感受,多多地鼓励孩子。

比如鼓励他主动跟其他小朋友玩,带着孩子参加亲戚朋友的聚会……要知道,孤独的童年是非常痛苦的,让孩子学会主动和别人讲话吧,哪怕声音很小,也要及时给予孩子鼓励,父母的态度决定了孩子下一次勇敢的尝试。

第四章

保持亲密关系的最大"秘诀"是父母无条件的爱

"你的存在就是最珍贵的礼物"

研究表明，在 6 周岁之前，如果父母很爱孩子但是爱的方式不正确的话，很容易让孩子成长为所谓的助人型性格。孩子虽然理解父母的爱，但是因为父母爱的方式不对，所以孩子不能轻易接受父母的爱，对父母的感情有爱有恨，十分复杂，对于这种复杂的感情自己的内心还有一种负罪感。

由于这种负罪感，他们总是想补偿父母，同时又想得到父母的爱，所以就会对父母的需求特别敏感，时间长了，他们就变得特别善于发现别人的需要，并形成热心帮助别人的性格。

每个助人型孩子的身上仿佛都装有一个敏锐的雷达装置，随时侦测目标人物的需求。他们最大的成就感就来源于满足他人的需要并得到他们所期望的回报和反馈，而最怕的就是被别人拒绝，因为这不但会伤害他们的"面子"，还会折损掉他们的"私心"，也就是通过帮助别人以获取爱的目的。

虽然助人型孩子乐善好施，但是也存在强迫别人接受他们好意的模式或标准，这也会让他们通常变得自我中心，失去理性。值得家长注意的是，孩子最大的问题就是常以他人的需要为首，而忘了自己真正的需要，并且他们很怕向别人说出自己的需要，因为他们会认为那样的自己是无能的，而且会削弱自己在他人心中的地位。

那么，父母如何帮助助人型孩子解开人格中存在的枷锁呢？

首先，助人型孩子的家长扮演的应该是安抚者的角色，不要对孩子过分严厉。比起其他的孩子，父母应该对助人型孩子倾注和表达更多的情感，同时还要安抚孩子时时刻刻都想要通过付出来获得爱的焦躁不安的情绪，抚平他们由于没能得到回报时所产生的失落、难过的心情，并及时拔除他们因为心理失衡而产生的嫉妒的毒瘤。

助人型孩子对爱的渴望极其强烈，他们所做的一切都是为了获得爱。因此家长的肯定是激励他们的良药。如果你有一个助人型孩子，那么就千万不要吝啬你的爱意，只要告诉他你爱他，不管他做什么或是有什么缺点，你还是一样地爱他。告诉孩子："你的存在就是上天给我的最好礼物，而不是因为你做了什么事情我才会喜欢你"，你要让孩子真切地感到你对他的爱是无条件的。只有源源不断的肯定，才能鼓舞助人型孩子勇敢地面对真实的自己，说出自己的需求和想法。

此外，助人型孩子最在乎的就是自己能否给他人留下一个好印象，所以当着别人的面批评他，甚至只是稍微严苛的教导，对他们来说都是一种可以摧毁心灵的打击。身为家长，绝对不要在人前批评助人型的孩子，更不要当着孩子的面把他和别的孩子做比较。要记住，对助人型孩子的一切教导都要放在"幕后"进行，也只有这样的"幕后"教导，才会收到良好的成效。

助人型孩子总是担心别人受到伤害，所以很少表达自己的真实想法。长此以往，他们会渐渐忘掉自己的需求。父母应该常常询问他们是否有喜欢的东西，让他们养成不盲从、勇于表达想法的习惯。当助人型孩子直言不讳地说出一句话或是出现了"一反常态"的直言行为，家长一定要及时给予鼓励，因为他们能出现这样的行为必然是克服了内心"想要做好人"的强大压力的。家长及时的奖励对他们而言非常重要，这种肯定有利于培养助人型孩子正直诚实的性格，防止他们走进阿谀奉承的误区。

让孩子时刻感受你的爱

心理学家将人出生后的前三年称为"人类的早产现象"，这是因为人在出生的时候不能像动物那样，拥有一个成熟的大脑，生下来不久就能跑会跳。但是也正是拥有了这种"人类的早产现象"，人类才拥有了高于其他动物几万倍的智慧潜力。而在这三年中促进智慧发展的最好刺激就是父母之爱。

如果一个孩子在生命的最初时刻没有感受到无时无刻的父母之爱，那么他的生理和智力水平的发展以及社会适应能力等方面都会受到严重的影响，轻的是发展缓慢，更加严重的就会出现各种生理和心理上的病变。

有人曾经对缺少父母之爱的孤儿院孩子进行了智力和心理方面的研究。研究结果发现，孤儿院的婴儿死亡率很高，即使侥幸活了下来，他们的身上也会出现各种问题，比如啼哭、冷漠、笨拙、退缩和缺乏活力。这是因为这些孩子长时间躺在自己的小床上，没有人理睬，只能孤孤单单地长大，以致很多孩子两岁的时候，智商却仅仅相当于一个正常发育的10个月大的孩子的智商。

所以，在孩子智力和心理发展的关键时期，父母一定要时刻让孩子感受到自己的爱，要经常向孩子表达爱意，而不是把它们藏在心里。

父母和孩子的交往态度和行为以及婴儿天生的气质决定了孩子的依恋类型。如果父母是负责任、充满爱心的，那么孩子能够形成安全型的依恋；如果父母冷漠，与孩子关系疏远，那么父母永远不可能与孩子建立健康良好的依恋类型。另外表达爱的方式有很多，父母要尽量多地待在孩子身边，有时间就多多抚摸孩子，给孩子做做婴儿体操，并且用温柔的话语多和孩子聊天，这会在无形中给孩子带来很大的鼓励。

随着孩子的长大，孩子所需要的爱的类型也在变化。如果说3岁之前的孩子需要父母无时无刻地照顾，那么3岁以后的孩子就开始需要父母给他"松松绑"，给孩子更多的自由。

如果孩子很小的时候，你就把自己的希望全都寄托在孩子身上，时常对他说："爸爸妈妈这辈子可就指望你了！"为了实现自己的梦想或者期望,你让孩子早早就背上了梦想的枷锁,在他们应该痛快游戏的时候,你带着他们穿梭在各个辅导班和兴趣班之间,还自以为为孩子做出了很大的牺牲。你从来都没有想过这样的爱对孩子来说太苛刻了,他们要用自己的一生去满足你的愿望,他只是你的一个工具。所以父母要按照孩子的需要来付出爱,而不是按照自己的想法去付出爱,那样只会让孩子被爱压得无法呼吸。

爱孩子的爸爸妈妈,不仅会用行动来表达对孩子的爱,而且还会用合适的语言去表达对孩子的爱,让孩子对父母的爱有一个直观的感受。比如,当孩子拿着一幅画欢快地跑到你的面前,你可以对孩子说声:"孩子,你太棒了!"这比你在外拼命挣钱给他们创造更好的物质生活更加重要。对于孩子来说,父母的表扬和肯定才是最珍贵的。

其实,不仅是鼓励,对孩子的批评同样能够体现爱的含义。如果不分青红皂白对孩子的行为一律采取鼓励的态度,那么最终会把孩子引向失败的人生道路。而在孩子犯错误的时候,用温和的态度指出孩子的错误,并在以后监督孩子改正,这才是对孩子负责任的爱。

《左传》里面有这样一句话:"父母之爱子,则为之计深远。"是的,为了孩子的一生幸福,父母要及时给予孩子正确的爱,只有为了孩子未来的爱才是对孩子真正的爱。只有得到了这样的爱,孩子才能够为自己的人生负责,依靠自己的翅膀搏击天空,创造未来。

以符合孩子性格的方式表达对孩子的爱

现实生活中，我们经常可以看到父母非常疼爱孩子，但是孩子却与父母关系紧张的情况发生。很多家长也会奇怪地问："这世界上哪有不疼爱孩子的人呢？可是孩子就是跟我不亲近。"的确，大部分父母都是爱孩子的，但是问题的关键在于你的爱有没有被孩子感受到。

爱是需要沟通和共鸣的，只有这样，爱才会像春风一样温暖孩子的心灵。那么怎样才能让孩子感受到父母的爱呢？要达到这个目的，第一步就是了解孩子的性格。只有孩子的天生性格被父母认可，孩子才能感受到父母的爱。即使父母希望孩子做出一些改变，也要首先尊重他的性格，只有让孩子感到自己是被父母尊重的，他才会对父母敞开心扉。

苏联教育家马卡连柯曾经说过这样一句话——尊重人、信任人是教育人的前提，其中"尊重人"所指的正是尊重人的人格。教育的核心就是让孩子始终体验到自己的尊严感。不过在现实生活中，不注重尊重孩子人格的现象屡屡发生。家长常常打着"关心孩子，为了孩子好"的旗号，将自己的意志强加在孩子的身上；还有些家长总是认为孩子"应该"怎样，然后想方设法把孩子塑造成自己理想中的模样，却从没想过孩子实际上是怎样的人。这些行为无疑是对孩子人格的漠视。

人格是从一出生就确定的，是稳固的、独特的个性心理特征，是与生俱来的，而且本质上是不会发生改变的，这是所有研究九型人格与发展心理学的学者们公认的事实，并且推测这可能与遗传、胎儿时期的子宫环境、母亲在怀孕时的精神状态有关。但是无论是何种原因，"气质是天生的"，这是不可改变的事实。所以父母研究九型人格，不能把创造或者改变孩子的人格类型作为自己的目的，而是应该承认和尊重孩子的人格类型，接受他们的内在价值体系，协助他们根据自身的人格类型发挥独特的潜力。

也许有家长会说："既然人格类型不能改变，那么家庭教育还有什么用处呢？"其实在社会中我们很难把人简单地划分为九类，这是因为即使同种类型的人格也有着健康状态、一般状态和不健康状态之分，并且在不同状态下人们的行为方式和性格惯性也不尽相同。比如一个健康状态下的活跃型孩子充满活力、自信乐观，而不健康状态下的同类孩子就可能是终日玩乐、脱离实际的人。一个人成年后的人格类型处于哪个状态，这在很大程度上取决于他童年时期的经验以及父母的教育方式。如果父母能够清楚孩子的性格并据此因材施教，孩子的人格就会向着健康状态良性发展；而一个生活在父母施教不当环境中的孩子，他在成长过程中会不自觉地关闭自己的情感沟通渠道，同时还会建立起各种各样防止受到侵害的防御反应。简单来说，如果父母能够根据孩子的天生性格来表达对孩子的爱，把对孩子的教育建立在尊重孩子人格基础上，那么孩子就会按照自己的天性成长，发展出健康的人格；否则就会让孩子受到伤害，使其发展处于不健康的水平。

忽视孩子本身的性格特质，无论多么重视家庭教育、耗费多少精力，也是于事无补，甚至可能会过犹不及。所以，对孩子的教育，一定要建立在尊重孩子的天生性格的基础上。

总而言之，父母要学会观察孩子的人格类型，并且以其所属类型的最佳发展来与其相处，而不是试图去改变他们。要知道，每种性格都有自己的闪光点，如果父母一味培养孩子与天生性格不一致的特征，孩子就会无法发展个性中固有的特点，甚至会造成孩子含混不清的性格，让孩子变得缺乏自信和存在感。只有充分发挥自身性格优势，孩子才能自信地面对生活。

以下是各种人格类型的健康标准：

九型人格健康标准

	健康状态	一般状态	不健康状态
领袖型	具有出众的领导才能，心胸宽广，能够保护别人	争强好胜，做事直接，有很强的控制欲	行为有暴力倾向，疯狂追逐权力
和平型	性格随和，兼收并蓄，目标明确	优柔寡断，常常劳心伤神，性格温和	偏执，丧失人生方向，相信宿命论
完美型	冷静沉着，理智，具有批判意识	完美主义者，行为谨慎	行为具有破坏性，伪善，冷血

（续表）

	健康状态	一般状态	不健康状态
助人型	乐于帮助别人，富有创造力	具有奉献精神，心中充满母爱	在依赖别人的同时希望支配别人
成就型	才能出众，值得信任，诚实	实用主义者，有出人头地的愿望	狡诈的投机主义者
浪漫型	富有创造力，人际关系良好	情趣高雅，追求美和浪漫	神情恍惚，颓废，脆弱
思考型	富有创意，精力旺盛，睿智	善于分析和思考，但是总是扮演着旁观者的角色	被孤立的状态下会陷入虚无主义，行为古怪
怀疑型	忠诚，勇敢，大胆	恪尽职守，做事小心	胆小怕事，依赖别人，但是行为具有攻击性
活跃型	多才多艺，而且能够享受内心的平静	好动，快乐至上，思想肤浅	陷入某种癖好不能自拔，自制力差，不听劝告

爱孩子，不妨直接告诉他

　　孩子在成长过程中需要糖、蛋白质、脂肪和维生素等各种营养物质，父母为了孩子的健康成长也尽最大努力为孩子补充各种营养素。然而孩子们不光需要物质上的营养品，还需要另外一种特殊的营养物质——对孩子爱的表达。

科学研究显示，如果婴儿能够得到爸爸妈妈更多的拥抱和抚摸，那么孩子长大后就会遇事不惊、沉着冷静，并善于调节自己。爸爸妈妈的关爱为何与孩子今后的个人素质产生了神奇的关系呢？这其中的奥妙便是拥抱和抚摸会使孩子大脑中的激素水平明显不同，抚摸会使体内的"压力激素"水平降低。这就是触摸与爱抚的神奇作用。此外，触摸还能诱发另外一些激素的分泌，这些激素可以促进营养成分的吸收，使孩子保持良好的身体状态。

有报道说，有位年轻夫妇单位距家远，每天早出晚归，每当他们回到家中时，孩子已经睡着了。为此他们感到很内疚，双休日给孩子买来爱吃的食品和玩具，可是孩子又砸又摔。爸爸看到儿子如此"无理取闹"，气急了就狠狠地打他的屁股。可这时孩子却静静地趴在爸爸的腿上任其打，并有一种奇特的满足感。这种情况以后又反复发生，令家长无法理解。殊不知，这正是孩子长期得不到亲人的爱抚与触摸，感情营养失调而产生的变异现象。这种"无理取闹"，实际上是一种无意识地企求父母"皮肤触摸"的反常行为。

心理学家研究认为，人类和其他所有热血动物一样具有一种天生的特殊需求，即互相接触和抚摸。这是一种无声的爱的语言，是必不可少的良性刺激，是儿童发育的心理营养素。这是一种情感上的需求，而这种需求是无法从饮食中得到满足的。

孩子们这种天然的感情需要，若能从感觉上给予适当的满足，他们与父母的感情就会更加深厚，心理就会产生良好的刺激，大脑的兴奋与抑制也会变得协调，因而能更好地促进大脑的发育和智力的提高。妈妈如果爱孩子，不妨直接用语言和行为告诉他。

如果经常对孩子说"我爱你""真高兴，你是我的宝贝"等体现对孩子的爱的话语，以及经常拥抱、抚摸和亲吻孩子，会慢慢地给孩子以自信。孩子们长大后注定要在充满压力的环境中生存，而自幼就得到亲子行为温暖的人更能对付社会环境的压力，并避免那些与压力有关的疾病。

因此，为了您的孩子身体、智力的健康成长，一定不要忽视抚摸的作用。家长应积极为孩子创造条件，让他们通过正常、合理的方式来满足这种心理需求。具体说来，应从以下几个方面入手：

首先，建立一个温馨、和睦的家庭。在温馨亲切的家庭和亲密无间的氛围中成长起来的孩子，大多数性格开朗活泼，心理素质好。

其次，尽量自己哺乳。母乳不仅营养丰富，还可以增加母婴之间的皮肤接触，增进母子之间的感情。宝宝在母亲的温暖的怀抱中，安静地"享受"母亲甘甜的乳汁，对促进身心健康、解除"皮肤饥饿"大有裨益。

再次，掌握"皮肤饥饿"的周期性。人的某种需求是有周期性的，孩子的"皮肤饥饿"同样也有周期性。对于婴幼儿，每天至少应由父母接抱一次，每次临睡前再做一次背部或颈部的按摩。对于大一点的孩子，则要全身地搂抱，抚摸背部、颈部或按摩手臂。

最后，想方设法弥补不足。工作极其繁忙的父母，如果没有时间与孩子接触，可托付给爷爷奶奶，或外公外婆照料，但要嘱咐他们每日搂抱、抚摸孩子，时间不少于2小时。外出散步、游玩时，不要总是推着童车，也要适当给予孩子搂抱或抚摸。

爱能让孩子从沮丧中重生

如果家长总是对孩子提出过高要求，孩子又无法做到的话，那么家长就可能会说出一些严厉的话来教育孩子，比如"你怎么这么笨，连这个都做不好""你看看隔壁家的孩子，他比你好多了""这题这么简单"，等等。孩子的心灵本就是脆弱的，他们也希望能做好一件事，但是一旦某件事情没能做好，没有达到家长的标准，被家长苛责的话，这就无异于往他们脆弱的心灵伤口上撒盐，会令他们对自己产生怀疑，变得沮丧不得志。心理学研究表明，当一个人长期处于挫折和失败所带来的不良情绪时，会产生绝望的感受从而对人生失去信心。

著名心理学家马丁·塞利格曼和梅尔针对以上现象做过一个

实验。他们将一只狗放进笼子里，笼子放一块隔板，这个笼子的一端由金属制作，所以一通电后，就会引起电击反应。但是只要狗越过隔板就能避开。

他们把这只狗安置在金属的一边，只要一通电，狗就跳过隔板跑到不是金属的一端，开始几次如此反复，又一次通电时，他们把狗约束住不让它跳过，之后几次同样如此，狗只好在原地痛苦呻吟，后来，心理学家把约束解除不再约束狗的行为，可这时的狗已不像先前那样会跳过隔板，还是停留在原地痛苦不堪直到电击解除。

狗在多次电击无法逃脱之后产生消极反应，进而感到绝望，对可以生存的机会毫无反应，这种现象在心理学上就被称为"习得性无助"。这个实验推及人类，也得到了类似的效果：当一个人对某个事件多次努力但是都失败后，那么他就会停止尝试。如果这种情形出现得太过频繁，那么就会产生对凡事都无能为力的消极心理。

孩子也会如此。如果经常要面对现实对他的一次又一次的否定，那么他很容易会产生自责、自卑、无助和退缩心理，最终导致他对失败的经验产生习得，无法走出失败的圈子。当孩子在学习和生活中只能得到习得性无助，那么这些对于教导孩子成长的这个意义又何在？

王兰如愿以偿地进入了一所重点初中，这让她很高兴，学习也很刻苦，但是慢慢地，她发现比她刻苦的不少，成绩比她优秀的更是很多，这让一直是以前班上顶尖学生的王兰压力很大，于是在一次考试中，王兰只在班上排到了中等名次，还有她最得意的数学也只得了个刚刚及格的分数。这让王兰非常沮丧。

她没有放弃，继续努力。可是又一次摸底考试分数下来时，她的名次竟然又下滑了10名，这让王兰的自信心很受打击，班主任也叫她去了办公室，严厉地批评了她，她觉得自己很委屈，即使努力了也不能成功，未来变得十分渺茫，自那以后，尽管王兰还是在努力，但是成绩依然在下降。以前的辉煌已经成了遥远的过去式。

后来每次班主任找她谈话，她都只回答"我不行"，渐渐的，这三个字成了王兰的口头禅，作业也经常不做，上课不专心听课，放学也不再复习当天所上的科目。

缺少表扬的孩子会对自己缺乏自信心，从而对自己能做到的事产生畏惧心理，然后退缩，变得不再主动地做一件事，长此以往甚至会产生一种对一切都漠不关心的态度，对自己失去信心，对生活失去斗志。

漠视和责备可以让孩子在沮丧中沉沦，而爱则能让孩子从沮丧中重生。因此，要避免孩子产生习得性无助，最好的方法就是家人多给予理解和关心。当孩子遭遇失败或挫折时，父母无论如何都不应去指责孩子，而是应当给予爱和鼓励，肯定孩子做得对的地方，给予他积极的评价。

父母要给予孩子积极的评价，不仅在学习上，还包括其他方面。比如，孩子今天体育课跳高跳出了一个新高度，这在以前孩子是做不到的，就要及时告诉他这非常棒，让孩子感受到父母的爱。给孩子营造一个充满安慰，适宜鼓励的环境，让孩子有干劲儿。

俯身看看孩子的眼睛吧！让孩子不用再仰望你的目光，"加油你可以的""做得很好"这些亲切的语言则能让孩子备受鼓励，让孩子相信自己是可以做到的。创立一个轻松自在的环境，善于发现孩子的闪光点，对孩子进行积极的评价，让孩子在充满爱的环境中自如发展，这是每个称职的父母都应该做到的事情。

聊天是另一种形式的爱

每个孩子都有交流的必要。每天，孩子都会接触到不同的人和事，从外界获得许多信息，他们需要把这些信息与周围的人进行分享、交流，从而获得美好的情感体验。作为孩子的父母，常与孩子聊天，不仅可以使孩子养成倾听与倾诉的习惯，还可以令孩子充分感受到父母的爱。遗憾的是，很多父母与孩子之间可以聊天的话题太少了，聊不到几句就因"话不投机"而草草中断或是不欢而散。

聊天是表达父母对孩子的爱的形式。但是，很多父母却不知道如何与孩子聊天，如何与孩子聊好天。若孩子觉得父母根本就没办法理解他的感受，他肯定不愿意再继续交谈下去了。但是，如果父母可以更注意倾听孩子的心声，站在孩子的立场去考虑她的感受，那么谈话的效果就会有明显的不同。

父母在与孩子聊天时，话题不应当只局限于学习上。很多父母都会在这一点上出问题，这会令孩子越来越不愿意与父母沟通。反之，如果父母多关心孩子的日常生活及心理、情感状况，真正地走进孩子的心灵，不居高临下，而和孩子成为朋友，那么与孩子的关系就会越来越融洽。

当孩子对自己说出其内心的真实想法时，父母不要忙于对他的看法加以评论，或打断，这样就会削弱他聊天的兴趣。无论孩子想法的对错，父母都要先学会倾听，然后再站在孩子的立场去理解他，帮助他分析并告诉他应该怎么办。如果孩子在成长的过程中遇到了一些难以解决的困惑，父母就要耐心地给予指导和帮助，为孩子解除心中的疑虑。这样，孩子就会越来越信任父母，把父母当成可以放心倾诉心事的好朋友，无话不谈。

再者，与孩子聊天时还要学会观察孩子的表情。如果发现孩子比较兴奋，父母就可以微笑着问："今天这么高兴，是不是发生了什么令人高兴的事啊？说来听听吧！"如果发现孩子面带沮丧，父母就要关切地询问："你是不是心情不好？遇到了什么困难和问题，需要帮忙吗？"如果孩子与同学朋友之间发生了不愉快，父母千万不要气急败坏地去指责孩子，而是要平静地问孩子到底发生了什么事，可以给孩子提供一些解决问题、化解矛盾的方法，但不要硬性干涉，让孩子自己去解决问题。

聊天是与孩子交流最简单、最有效的办法，这既可以随时了解孩子的想法，还可以让孩子感受到来自父母的关心和爱护。只要掌握平等、亲切、真诚、民主、爱护的原则，和孩子进行朋友般的对话，那么孩子就会认为你是最可信赖的长者，就会敞开心扉向你倾诉内心的一切。

别让爱被条件绑架

父母爱孩子，按道理说，孩子就应该感到非常幸福，对父母也应充满感激之情。然而，多项调查结果显示，目前在我国多数学龄孩子的心目中，父母往往既不是他们最亲爱的人，也不是他们最崇拜的人，而是最不理解他们、最不讲理的人。很多孩子不但不觉得自己幸福，反而认为自己是最辛苦的人。

诚然，造成这种局面的原因很多，比如传统中国式的家庭教育习惯、现行教育体制的不完善等。但从根本上讲，还是因为这种爱的附加条件太多，令孩子在享受来自父母的爱的同时，也背负上了沉重的心理负担，承受了难以承受的心理压力。如果这种形式的爱得不到改善的话，那么随着孩子的成长，他必然就会开始抵触甚至是反抗，因而也就自然与父母隔阂疏远，严重时还会出现敌对的现象。

也许父母们并不觉得自己给孩子爱的同时强加了条件，但仔细反思自己的行为，就不难找到一些线索。例如，你是否对孩子说过如下的话：

"听话！爸爸妈妈只喜欢听话的孩子！不听话我就不要你了！"

"你学习成绩好才是好孩子，父母才会爱你！"

"爸爸妈妈养大你这么不容易，你一定要好好争气，不然我就不再爱你了。"

"为了你，我天天这么辛苦。"

"你是我们的希望，我们愿意为你做任何事，只要你好好学习。"

……

父母是否都对孩子说过此类的话呢？这些就是有条件的爱。当父母说出这句话时，或者心里有这种想法时，就证明父母对孩子的爱是有条件的了。这样的条件存在于如下的潜台词中：你必须服从我、遵照我的指令去做、按照我的设计去成长，否则我就不爱你。乖乖地听话、取得好成绩、考上好学校、给父母挣得脸面和荣耀……不满足这些条件，父母就不爱你，甚至将你逐出家门。

例如，当父母说出"你是我们的希望，我们愿意为你做任何事，只要你好好学习"时，好好学习就成了父母爱孩子的条件，也是孩子得到父母爱的前提。如果孩子不能取得令父母满意的好成绩，就会受到父母的责怪，或是在心理上给自己背上沉重的压力。长此以往，孩子就会迁怒于学习，而学习也就成了横在父母和孩子之间的一座高山。这座山不搬走，孩子和父母的关系就很难融洽。

在心理学上，这种条件式的爱被命名为"非爱行为"，即指以爱的名义，对最亲近的人进行一种非爱掠夺。这非但不会令孩子感受到你的爱，对你产生感恩之情，反而会令孩子感受到莫名的压力，令孩子对你越来越反感。

爱孩子是不需要任何条件的。所谓无条件的爱就是全盘接纳你的孩子。美国亲子教育专家盖瑞·查普曼和罗斯·甘伯认为："无条件的爱就是无论孩子的情况如何，都爱他们。亦即不管孩子长相如何，天资、弱点或缺陷如何，也不管我们的期望多高，还有最难的一点是不管孩子的表现如何，都要爱他们。但这并不表示我们喜欢孩子的所有行为，而是意味着我们对孩子永远给予并表示爱，即便他们行为不佳。"

不过，对于有"非爱行为"习惯的父母来说，要改变不是一件容易的事，它需要一个漫长的过程。最重要的是，父母不要再把孩子学习成绩好、孩子的表现符合自己的要求作为爱孩子的条件，而是应该在孩子成长的过程中给予他切实需要的帮助和爱，不让自己带有附加条件的爱使其窒息。只要父母在生活中多注意自己的言行，不要再表现出这些"非爱行为"，那么久而久之，这种现象就会渐渐消失。

母爱是孩子心理的"安全岛"

母子关系主要影响孩子的情绪和情感表达方式。有关研究发现，成年人很多种心理疾病和障碍，都与童年时期缺乏爱，特别是缺乏来自妈妈的爱有关。

孩子在1岁以前，如果得不到来自妈妈的足够的爱，就有可能会造成性格方面的缺陷，甚至形成人格或行为障碍。心理学家认为，妈妈与孩子的关系是依赖性的，这种依赖性是除了妈妈以外任何家人都无法给予和替代的。这是因为，孩子需要妈妈的抚养，不仅是生理上的需要，吃、喝、换尿布，更有心理上的需要，而来自妈妈的爱可以让孩子形成充分的安全感。这种安全感，对今后孩子自我认知的发展以及自信、自尊等心理素质的发展，都有着至关重要的作用。

美国心理学家艾恩斯沃斯曾经做过一项"陌生情景"法的实验：他通过观察婴儿与母亲短暂分离、处在陌生情景中的反应和行为表现，来测定母婴依恋的模式，判断孩子是否具有安全感。实验发现：妈妈离开时不打招呼，回来时也不拥抱孩子，那么孩子对妈妈是回避的态度，这样的孩子安全感较弱。而那种妈妈在场时很主动地探索周围，妈妈离开时哭闹一下，但很快就能自主地玩了，妈妈回来拥抱亲吻以后，能很快平静下来接着玩的孩子，才是拥有健康亲子关系，也很有安全感的孩子。

母爱是孩子心理的"安全岛",是孩子培养快乐的基地。刚刚出生的婴儿被妈妈抱在怀里吮吸乳汁时,他的一双小眼睛总是跳动着欢快的火花望着妈妈,显得那么舒服,那么自在。小孩子在妈妈身边可以无忧无虑地跑跳,遇到陌生人时就会紧紧地抱住妈妈,或是悄悄躲在妈妈的身后……这一切都说明,只有母爱,才能使孩子感到安全,才能让孩子毫无顾虑地去探索、发展,才能让孩子健健康康地成长。

琪琪从一出生,就得到了爸爸妈妈无尽的关怀和爱护。与多数妈妈不同的是,琪琪的妈妈会毫不吝啬地对女儿表达自己对她的爱意,告诉女儿妈妈爱她。两三岁的时候,琪琪似乎比同龄的孩子好奇心更强,更勇于探索,她可以坦然地摆弄家里的每一件物品,放心地和小朋友捡树叶、蹲在蚂蚁洞旁边看蚂蚁,胆子比年龄相仿的女孩大很多,而且特别自信,在幼儿园里可以完全自理,不需要老师过多照顾她,有时还能帮老师的忙一起照顾安慰其他小朋友。琪琪的妈妈觉得,女儿之所以如此"胆大心细",正是因为在她小小的心里肯定了这样一件事——无论何种情况下,她都不会失去爸爸妈妈的爱,所以她是安全的。

爱孩子是每一个妈妈的本能反应。但是,有爱不代表就能让孩子感到快乐,不代表孩子就能感受到生活的幸福。妈妈的爱,只有让孩子感受到,才能让孩子感到安全,感到幸福。就像苏联教育家马卡连柯所说的那样:"没有被父母爱过的人,往往是有缺陷的人。因此，社会要使它的每一个成员——不管他是多么幼小——都得到真正的父母之爱。"

作为孩子的妈妈，应该尽可能多地抽出时间和孩子在一起。每个孩子都需要从妈妈那里得到足够的重视。在每天工作之余，妈妈要尽量腾出一些时间参加孩子的游戏，和孩子一起读书，为孩子提供接触外界的机会，学会倾听孩子的心声，和孩子一同成长。

爸爸妈妈爱的是你，跟成绩无关

有个女孩非常崇拜她的爸爸，因为她爸爸在工作中取得了很多奖项，这些大大小小的奖状奖杯都摆在家里显眼的位置上。每当她看见这些奖状奖杯时，她都会在心里对自己说：我一定要努力做好每一件事，争取像爸爸一样有成就，这样爸爸就会更爱我了！

这种成就型孩子的内心深处早已把他人给予的爱与自己的表现画上了等号，父母的肯定是他们认识自己的途径。这类孩子在心里对给予自己关心照顾和肯定的家长是极其认同的，他们常常会主动找出这位家长对自己的期待，然后尽力达成它，以此来获得更多的肯定和关爱。

成就型孩子在小的时候，由于非常渴望家人的赞许或认可，他们会将家人的喜好与期待内化为自己的行为标准和目标。他们希望看到家人为自己的优异表现出骄傲和自豪，这是他们追求成就的最大动力，甚至不在乎为此放弃自己真正的喜好和追求。

所以，成就型孩子在很小的时候，就已经学会把自己的价值观建立在了优异的表现上。他们认为，只有靠自己不断努力，做出令人满意的事情，才有可能获得家人的爱。换言之，他们觉得家人之所以爱自己，不是因为自己是这个家庭中的一分子，是爸爸妈妈的孩子，而是因为自己有优异的表现和卓越的成就。

为了修正成就型孩子的这种错误观念，父母应当经常这样对他们说："做最真实的自己，即使你不是最出色，也很可爱，因为我们爱的是你，不是你的成绩。"父母要告诉自己的孩子，即使他们没有得到赞赏，没有拿到第一，父母对他的爱也不会因此而减少一分。父母要随时向孩子传递这样一种信息："我为你骄傲，即使你做得不好，我还是为你骄傲，因为你是我们独一无二的宝贝。"

在培育成就型孩子的过程中，家长要注意一定不要拿他和别人做比较。成就型孩子最怕的就是被别人认为没价值，把他与别人进行比较的行为很可能会使其受挫，所以成就型孩子的家长最好不要拿他们与别人做任何比较，更不能拿别人的优点对比他们的缺点，这会让他们感到十分沮丧，甚至可能会出现极端的想法和倾向，做出既不利己也不利人的事情。

由于成就型孩子太在乎能否做好家人眼中优秀的自己，所以当自己的真实感受与家人的要求产生矛盾时，他们会调整自己来配合家人，并且家人的性格越不好，他们就会越小心翼翼，抛弃自我的程度也就越深。

另外，要注意的是，即使自己的孩子的确非常优秀，也不要在别人面前夸耀孩子的成绩。如果孩子总是得到称赞，就会渐渐地把别人的关注看得越来越重，那种不正常的追求成就的心理就会得到强化。而一旦某一次自己没有做到最好，他的内心就会产生失落的感受。成就型孩子本身就很刻苦努力，重视自己的成绩。在这样的情况下，如果父母也十分重视他的成绩，那么就会给孩子造成不必要的心理压力。在孩子已经非常重视成绩的情况下，父母不要再给孩子加压，而是应该试着淡化成绩在孩子眼中的重要性。

同时成就型孩子喜欢为自己设定目标，而这些目标往往超出他们自己的能力范围，一旦没有办法实现，他们就会把责任推到他人身上或者找其他借口，还会产生强烈的挫败感，这很容易诱发他们愤恨的仇视心态。所以，家长要尊重孩子的能力，不要做太多的干预，对他们的期待要适度，同时还要注意帮助他们把目标调整到合理的范围内，让这个目标可以通过努力去实现。

掌握向孩子表达爱的途径

心理学家认为，孩子对父母具有天生的绝对的依赖性，不仅在生理上需要得到父母的照料，同时在心理上也渴求父母的爱。如果一个孩子在幼年的时候严重缺乏关爱，那么在他成年之后，他可能就不具备爱的能力，也不懂得爱的表达，一生都会受到困扰。

看到这里，相信很多父母都会感到疑惑，天下有不爱自己孩子的父母吗？但问题是，想爱不等于会爱，很多父母并不了解自己的孩子究竟需要什么样的爱。很多父母对孩子的关心可以说是到了无微不至的地步，他们为了孩子能够更好地成长，省吃俭用、节衣缩食，把全部的财力和精力都奉献给了孩子，为孩子创造最好的物质条件和学习条件——只要是别的孩子有的，我的孩子也一定要有。这样对待孩子，能说是不爱孩子吗？但结果却是——许多孩子的心理出现了障碍，与父母的隔阂越来越大。于是很多父母都发出了这样的感慨：教育孩子可真难啊，我费了那样大的心血，可是他却这样对我！

事实上，父母对于孩子的爱，如果仅仅是物质上的，那是远远不够的，还应该包括对孩子的尊重，与孩子之间亲密、平等的交流。有一个小学生在他的日记中就写道："我希望，妈妈能够经常对我笑，能在我睡觉之前和我说声'晚安'。"可见，孩子是多么渴望与父母的感情交流啊。作为父母,不要总是觉得自己有多么爱孩子,重要的是让孩子能更多地体验到父母对他的爱。

现在越来越多的教育实践家提倡,"让孩子知道你爱他"。作为父母,仅仅为孩子提供物质关怀,是无法解决一切问题的。父母觉得付出的代价已经够大了,但是孩子却感受不到,还有比这更糟糕的吗?

所以,向孩子表达爱意,让孩子感受到家长的爱,是增进亲子关系最好的方法。

美国宾夕法尼亚大学莫尔学院的哈利亚特博士曾经制作了一份"妈妈自我检查表",认为家长可以拿着这份表来定期"自我体检"一下。检查的内容如下:

1. 告诉孩子"我爱你"。
2. 通过温和的触觉传达对孩子的爱意。
3. 关心孩子的行踪。
4. 让孩子明确什么是对,什么是错。
5. 对孩子每一个小小的进步表示认可。
6. 向孩子询问对父母是否有意见。
7. 耐心地回答孩子提出的各种问题。
8. 交给孩子一些工作,让他懂得承担责任。
9. 让孩子对自己有足够的信心。
10. 尊重孩子的人格。

这位博士在经过研究之后,为妈妈们提出了值得借鉴的方法：第一，每天拿出固定的时间和孩子进行交流。如坐在地板上和孩子一起做游戏，帮助孩子完成学习计划，和孩子一起开展某种活动等。第二，用温和的语言让孩子感觉到被认同。当孩子向父母表达一种感受的时候，父母应该以同样的心情来回应。第三，帮助孩子正确表达自己的情绪。父母可以限制孩子的行为，但是要让孩子充分地表达自己的情绪，交给他正确表达情绪的方法，告诉孩子单纯靠哭闹并不能解决所有的问题。

除此之外，表达爱意的方法还有很多种，只要父母能够用心陪伴孩子，就会摸索出越来越多的技巧。用什么样的方式拥抱，会让孩子笑得特别开心？在一起玩什么样的游戏，会让孩子离父母更近？父母说什么话，孩子最爱听？父母们多用点心，孩子就会更多地体会到他们的爱。

第五章

父母是孩子的"超级玩具",你的亲子关系价值千万

让孩子在玩耍中度过敏感期

婴幼儿智力开发的最好时期就是0～6岁，一旦错过这个时期，可能花费几倍的努力都无法获得同样的结果。而这一时期也是孩子的敏感期最集中的时候，所以家长应该充分利用婴幼儿智力开发的最佳时期，抓住敏感期对孩子进行积极的教育。这对孩子的一生都将起到重要的作用。

现在很多家长都是有文化的人，对于孩子的到来不仅做好了物质上的准备，大多数也做好了教育上的准备，看了很多书来充电，希望能够帮助孩子"赢在起跑线上"。

提起早期教育，相信很多父母都能如数家珍般地列举很多条。但是实际上很多父母对利用敏感期进行早期教育是存在着很大误区的。

很多家长都知道孩子在敏感期内大脑发育非常活跃，于是他们就开始了所谓的"早期教育"。这些教育无非给孩子灌输一些自然知识和科学文化。这些家长希望孩子能够早日掌握这些知识，这样就可以在小学、初中、高中一路遥遥领先于同龄人，直到进入一所名牌大学，成为一名优秀的大学生。

很多学者都对家长的这种心态提出了反对意见。一位来自韩国的教授曾经说过:"把本来应该在上小学时教给孩子的知识,在他上幼儿园时就教给他了,这根本不能算是什么早期教育。"韩国著名的儿童心理学家申宜真也对这种"早期教育"深感忧虑。她说:"孩子1~3岁这个时期,他们的大脑的确在飞速地发展。但是如果因此就希望使用一些人为的手段对他们的大脑进行开发,那么这样的想法是非常危险的。"她在临床上的经验表明在孩子还非常幼小的时候,就强迫他们学习,这很可能会增加他们的暴力倾向,同时也会对他们的大脑造成损伤。

那么孩子度过敏感期的最好方式是什么呢?家长又能做些什么呢?这个问题的答案其实非常简单,那就是游戏。研究表明,在儿童时期,直观的体验性教育具有最好的效果,其中玩游戏就是一种直接的体验,是一种非常有价值的学习形式。

在教育专家看来,玩耍和掌握知识一样重要。很多家长都认为,玩耍不过是孩子消磨时间的一种方式而已。但是事实上,玩耍具有非常重要的作用,它也是学习的一种方式。孩子在出生后不久就已经开始了这样的学习。孩子就是在玩耍中知道物体的重量,了解了什么是大什么是小,逐渐认识了周围的环境;同时玩耍也可以训练孩子动作的协调性;在了解物体属性的基础上,玩耍还对孩子的创造力、想象力以及解决问题能力的提高有着重要的作用。一个年幼的孩子玩耍的复杂程度通常会让人感到十分吃惊。你可以试着回忆一下孩子在玩过家家的时候所设计出的场景、台词、动作等，一个小小的游戏已经把孩子在社会中可能会遇到的问题提前展现在孩子面前，这样当孩子长大成人之后，就会更熟练地去解决自己遇到的问题。因此，玩耍对于健康的大脑发育和身体发育都是至关重要的，它能够帮助年幼的孩子逐渐理解外面的世界。

在孩子的敏感期，他们对父母只有一个要求，那就是尽情地玩耍。但是这样一个简单的要求，很多父母却不容易做到。也许父母了解玩耍的重要性，但是看到其他的孩子已经会数到100，而自己的孩子却把泥巴糊了一脸的时候，他们很难保持内心的平静。父母要勇于面对外界的压力，时时刻刻提醒自己保护好孩子的敏感期和对玩耍的热情，只有玩得好，长大才能学得快。

再忙也要留下和孩子对话的时间

一个初中一年级的男生曾经对老师说："我很害怕放假。"老师很奇怪，就问他是怎么回事。他说："爸爸妈妈都上班了，只有我一个人在家，我特别害怕，也很孤独，根本没有人跟我说说话。爸爸妈妈一点也不了解我，他们只会问：'作业写完了吗？''这一天你都干什么了？'他们从来不问我在想什么，也不和我聊天。我想说的话只能晚上说给星星和月亮听。我不喜欢放假，我喜欢上学，因为学校里有同学，和同学在一起我感到很开心。"

一项"家庭教育大调查"显示，60%的父母每天与孩子相处的时间有4小时左右；亲子共处时，最常从事的活动是：35%的父母看电视，25%的父母在辅导孩子学习，剩下的则是做游戏等。而父母每天和孩子说话的时间，则基本上在半小时以内，而且说话的内容多是"教育性"的。

许多父母觉得给孩子吃好的、穿好的，关心他的学习，孩子就会感到很幸福。其实科学研究证明，最有威信的父母反而是那些每天能安排一些时间和孩子说话的父母。要让孩子感到幸福，绝不仅仅是提供物质上的满足，更重要的是与孩子在精神上有很好的沟通。而每天抽出一定的时间陪陪孩子，就是与孩子进行精神交流的最好渠道。

但是在现在的社会中，上班族父母越来越多，他们常常是在跟时间赛跑。有时回到家里，孩子已经睡了。然而，聪明的父母总是能够挤出时间陪孩子聊聊天，分享他的心情。

下面这个职场妈妈就想出了一个聪明的办法：

"我把抽出时间与儿子交流作为每天的工作内容之一。我下班晚，于是就要求自己每天中午必须抽出半小时与儿子'煲电话粥'。开始的时候，我主动打电话给儿子，问他学习有什么困难？老师对他有什么要求？需要妈妈给什么帮助？开始，儿子不太喜欢说这些，但是经不住我的启发和开导，慢慢地他就把学校的困难，与同学的交往，甚至有哪个同学欺负他，等等，都讲给我听。听完他的问题，我会帮他分析原因，引导他正确处理，使他感到每次与妈妈'煲电话粥'都很愉快。渐渐地，每天中午，我不打电话给他，他就会打电话给我，向我汇报学习上的困难，讲述生活中的趣事。他还调皮地称中午时间是'妈妈时间'。"

你看，即使真正陪伴孩子的时间很短，但是只要注重质量，仍然能让孩子感受到你对他的爱，建立良好的亲子关系。当孩子感到父母的爱与关怀的时候，他的情绪就会变得稳定，自信心就会持续增长。

注重与孩子的情感交流，是父母与孩子成为知心朋友的前提。与孩子交流的时间最好选在吃饭时和睡觉前，因为这是孩子情绪最为平稳的时候。职场父母在工作时，可以暂时把孩子交给保姆、老人或者学校，但是谁也取代不了父母在孩子心目中的地位，你一定要挤出时间陪孩子，因为孩子需要和父母"单独在一起说话"的时间，他需要从与你的对话中感知你对他的爱，从而获得安全感和幸福感。同时，他也需要你来与他一起分享喜悦，分担痛苦。如果缺少父母的陪伴与沟通，孩子就容易"情感饥饿"。"情感饥饿"的孩子可能会特别任性，偶尔还会做出一些古怪的行为，以引起父母对他的注意，同时也可能极端自闭，郁郁寡欢。当孩子出现这些情况以后，父母才发现自己的失职并且后悔不已，很可能已经来不及了。因为要修补受到伤害后的亲子关系，解决孩子的"情感饥渴"问题，或许要花很长很长的时间，也许永远也不能实现了。

"无论什么时候，我都会保护你"

假如你是孩子的父母，要让孩子去办一件事。刚开始的时候你会很细心地指导他，直到他把这件事出色地完成。当你发现不需要你的指导，他也可以轻车熟路地完成这件事的时候，你自然就不会再像开始那样去仔细地指导他，而是会放手让他独立去做。但是有的孩子内心却不是这样想的，他甚至可能会因此产生恐慌，心中充满被抛弃的悲凉情绪：爸爸妈妈是不是不管我了，他们是不是不在乎我、不爱我了？

这种怀疑型孩子天生就被一种焦虑和不安全感所笼罩。在他们童年的时候，他们最重视的就是自己的父母，很害怕受到父母的冷落，得不到父母的支持。所以怀疑型孩子强大的洞察力最早就是从观察父母的态度开始的，而且在察言观色的过程中还养成了犹豫不决的坏毛病。

他们总是会产生一种无助感。但是这并不意味着怀疑型孩子的父母没有给孩子足够的关爱，因为即使是很爱自己孩子的父母，也可能会让孩子在一瞬间产生得不到信任和支持的失落感，孩子的人格类型有一部分是天生的，并不是所有的孩子都因此对父母产生怀疑，但是怀疑型的孩子就会因此觉得自己是被孤立的小孩，并且时时刻刻都充满着焦虑。随着年龄的增长，他们又从焦虑中发展出了怀疑的特质。所以，他们对父母的感情是矛盾的，一方面为了得到认同而想要服从，另一方面又因为未能获得信任而蓄意反抗。面对外界的问题，他们常常"心有余而力不足"。他们害怕被人抛弃，怕没人支援。由于心灵深处的这种恐惧，他们不知道面对一些可以信赖的人的时候究竟是该依赖还是该独立，所以总是给人若即若离的感觉。

怀疑型孩子的想象力过于丰富，而且所想象的内容几乎总是悲观的，这就导致了他们多疑的世界观。他们总是习惯于去想象最糟糕的情况，而很少去考虑最好的情况。他们会不自觉地去寻找环境中对他们有威胁的线索，而把那种对最好情况的想象视为一种天真的幻想。怀疑型孩子很渴望安定，看重安全，他们的内心时刻对预测不到的未来有一份深深的焦虑和恐惧。为了安抚这种不安的情绪，怀疑型孩子发展出了两种不同的行为模式——保守沉默和冲动莽撞。在九种人格特性中，其他的人格都只有一个性格，但是怀疑型孩子有两种，一种是对抗性怀疑型，另一种是逃避性怀疑型。而且一般情况下，怀疑型孩子在人前和人后的表现是不一样的，如在家是逃避型，外边通常是对抗型；反之亦然。也就是说，几乎所有的怀疑型孩子都存在两种性格，只是所占的比重不同。

对抗性怀疑型的孩子会主动寻找危险，并显出强烈的进攻性，而逃避型的孩子则选择敏感地逃跑，以此来回避这种恐惧。但是他们的心理是相同的，那就是失败带来的恐惧感要比成功的期望大得多。所以他们在计划一件事的时候，总是会想到"出错了怎么办",并因此迟迟不敢行动。这严重阻碍了他们的行动和发展的脚步。

为了培养他们的行动力,父母可以试试这样的方法。如果家里有件事情需要有人做决定,可以试着问问孩子"你认为该怎么办",其实大多数的怀疑型孩子都能很有条理地说出他的想法,因为他早就在心里清清楚楚地想好了要怎么做。这时候父母要趁势鼓励他说:"你说得很好,就这么做吧,出什么问题都没关系,还有爸爸妈妈呢!"听到这样的话,他就会立刻高高兴兴地动手去做了。

如果要了解开怀疑型孩子的心理枷锁,就一定要保证孩子有个安全的心理环境,父母最应该扮演的角色是他们的保护者和引导者,应该无条件地为孩子提供心灵深处的支持和抚慰,引导他们凡事都要向积极的方面看。当他们产生焦虑不安的情绪时要宽容并表示理解,而且要给予适度的安慰。总之,父母一定要让孩子相信自己是安全的,无论在什么时候,父母都会保护他,不会扔下他一个人。

教育的过程少不了陪伴的环节

据世界卫生组织公布的一项研究数据表明,平均每天能与父母共处 2 小时以上的孩子,其智商要比那些没有和父母相处的孩子高。

不仅如此，那些长时间没有父母陪伴的孩子在成长过程中很容易表现出"情感饥饿"，从而刁蛮任性或者多疑胆怯。

因此，不少教育专家都建议父母，不管多忙都要抽空陪陪孩子，以满足孩子的情感要求，促进孩子健康快乐地成长。

孩子是父母最大的希望，父母在为孩子拼搏，希望孩子能有一个温馨的家庭、灿烂的未来。

但是，很多父母由于太忙了，根本没有时间来亲自照料孩子，也很少能沉住气耐心陪陪孩子，使孩子难以享受家庭的温馨。

明明的爸爸是一个经理，经常要去工地，早出晚归，甚至有时候周末还要去外地。明明几乎很少和爸爸交流，可是明明一直很希望有机会和爸爸待在屋子里玩游戏。

今天明明的爸爸终于有时间休息了，明明特别高兴。

"好，爸爸就满足一下你小小的心愿。那我给你读一下新买的那本故事书吧。"

"哦，爸爸真棒。走，我们去客厅吧。"说完，明明就拉着爸爸往外走。

父子两人来到客厅，爸爸刚把书翻开，准备给明明讲故事，电话就响起来了。

"儿子，坐在这里等等爸爸啊，我接个电话，马上就回来。"爸爸说完就去和客户聊开了，把明明晾在一边。

打了一通电话之后，爸爸回来找孩子，刚要开始读书，没想到电话铃又响了。

"明明乖啊,爸爸再去接个电话。"爸爸说着又跑开了。

这时的明明心里很难过,觉得原来爸爸这样不重视自己,"算了,还是自己一个人玩吧。"然后就拿着故事书闷闷不乐地回到自己的房间去了。

这是在很多家庭中都会出现的片段,父母可能觉得这没什么大不了,事后哄哄孩子就好了。可是站在孩子的立场来看,这就是对孩子的不尊重,从而让孩子对父母很失望。

还有一种情况:很多家长由于工作确实很忙,实在抽不出时间来和孩子交流,自己内心也是充满愧疚,于是就用物质来弥补孩子,希望以此减少自己对孩子的愧疚感。

但是这样的效果真的好吗?答案显然是否定的。要知道,情感教育的缺失是不可以弥补的。

小强的爸爸工作很忙,可以说是以岗为家,早出晚归,小强很少能看到爸爸。因为每天早上他还没有起床,爸爸就上班去了;晚上他要上床睡觉了,爸爸可能加班还没有回来。

爸爸其实心里觉得很愧疚,不知道用什么样的方法来补偿孩子,他所能想到的,就是用物质来回报孩子。

于是,每当爸爸出差回家,就会召唤小强:"小强,快来看爸爸给你带什么好东西回来了。"

孩子立马就从自己的房间跑出来,接过爸爸手中的礼物,说"谢谢爸爸",然后又跑回自己的房间玩去了。

几乎每次小强的爸爸出差,都不忘给小强带礼物,小强好像也摸清了爸爸的行动规律,每次当爸爸出差回家的时候,他就会主动地跑出来,然而眼睛不是看爸爸,而是盯着爸爸手中的礼物,接过礼物就自己玩耍去了。

有一次爸爸出差回家,恰巧忘记了带礼物给小强,而小强也像往常一样高兴地从自己的房间跑出来迎接爸爸,然后失望地说:"咦?你怎么这样就回来了?没有给我带礼物吗?"听到孩子这样的问话,爸爸哑然。

其实孩子最需要的,并不是这些好的玩具和礼品,而是父母的关怀、陪伴和交流。很多家长在年轻的时候没有时间陪孩子,等到孩子长大之后,他们痛苦地发现,孩子已经不愿意和他们沟通了。而如果单纯地靠物质和孩子进行沟通,那会让孩子把沟通看得很功利。

父母可曾想过,你们努力地在外打拼,为的就是让孩子生活得更好,可是在教育孩子的问题上,总是出现重大的失误,是不是有点得不偿失呢?因此,聪明的父母,总是想尽各种办法,抽出时间多陪陪孩子。

再忙也要抽时间陪陪孩子

每一个孩子都有这样一个再小不过的渴望,可是即使这样微小的渴望,有时候也得不到满足。

每一个爱孩子的父母，都不应该忘记孩子这个微小的渴望，一定要提醒自己：无论多忙，也要抽时间陪陪孩子。当孩子得到父母全身心的关注时，就算是平静的几小时也会给孩子一生的记忆中留下难忘而又温馨的时刻。

作为家长，想想自己有没有做过这些事：

每天午饭时间问问孩子的情况，向孩子讲述有关自己的事情。

每周抽出一天或半天时间陪伴孩子。

每晚睡前，去孩子房间与他交谈一会儿。

"职场父母一定要多挤点时间陪陪小孩。你可以把孩子交给保姆、老人，但是谁也取代不了父母在孩子心目中的地位。千万不要以忙为借口把孩子推给别人，不管多忙，一定要记住和孩子多聊天、多沟通。"这是一位职场妈妈在总结自己的育儿经验时发出的感慨。

"在孩子小的时候，我和孩子的爸爸都忙于自己的事业，想着我们有所成就，才能给孩子一个更好的未来，才是对孩子最大的爱。因此我们决定把孩子送回老家，交给孩子的爷爷奶奶抚养，我们每个月只要给孩子多寄一些衣服和玩具，让他在物质上得到很好的满足就可以了。

"我们努力工作，尽自己最大的力量去给孩子创造很好的物质条件。可是，等我们事业有成的时候，却痛苦地发现孩子根本不愿意和我们沟通。最为可怕的是，孩子内向多疑、胆小怕事，偶尔还会做出一些很古怪的行为。

"看着这样的孩子,我在想即使我们赚再多的钱,可以让他有一个幸福快乐的未来吗?一个缺乏爱的孩子怎么会快乐呢?现在真是后悔以前为了事业没有多陪陪孩子,没有给孩子足够的关爱。"

缺少大人陪伴与沟通的孩子喜欢撒娇、任性,偶尔还会做出一些古怪的行为,他们喜欢引起大人的注意,让大家觉得他很重要。家长在发现孩子有这些行为以后,应该自我反思一下,看看是否忽视了孩子的情感需求、是否应该合理安排,挤出些时间多陪陪孩子,让他感受到你对他的爱与重视。

有这样一个爸爸,自从有了儿子之后,不断地开创着自己的事业,由替人打工到创立了自己的小公司。公司生意蒸蒸日上,发展态势很好,这位父亲整天忙得团团转,忽略了在成长中的儿子,他和儿子在一起的时间也越来越少了。

一个周末,这位父亲出差两周后回到了自己的家中,已是午夜时分,他的儿子早已经睡着了。当他将随身的文件放进书房时,却看到书桌上有一张纸条,内容是这样的:"我的好爸爸,我好久没看到你了,你是个做生意的能手,可惜你是个'冰箱'爸爸,别的小朋友爸爸的爱是热的,你的爱却是冰冻的。"

儿子的话给了这位年轻的爸爸巨大的震撼。从此,无论再忙他也会抽出时间陪可爱的儿子说说话,谈谈自己工作上的趣事,再聊聊儿子学校里发生的事情。这样相处的时间多了,他们的父子关系便变得融洽了。

这个故事的确具有一定的代表性，尽管现在的家长面临着各种生存压力，早出晚归，很少与孩子交流，但在一个完整的家庭里，对孩子而言，无论是爸爸，还是妈妈，都是他们每天生活中不可或缺的一部分。做父母的一定要知道，与孩子共同参与活动，对于亲子关系非常重要。

明白了这个道理之后，家长们就应该想一想怎样才能更加亲近孩子。

家长们多抽出些时间陪孩子一起做他们热衷的事情，是非常重要的。花越多的时间了解孩子，家长就越可以有的放矢地为孩子做心理辅导工作，教会他相关的生活技能，鼓励他实现自己的梦想。总之，孩子有了家长的陪伴，就会更加热爱生活、更加活泼开朗。

"撒谎"也是一种创造

"我今天看见了马和牛打架。"从外面跑回来的孩子煞有介事地告诉母亲这回事。

"你又撒谎了！"母亲听完后责怪道。

"妈妈，我昨天去月球了。"孩子很认真地对妈妈说道。

"以后，你要是再说这种鬼话，小心我拔掉你的舌头。"母亲这次终于受不了孩子整天说谎了，于是呵斥道。

据成长心理学统计，孩子从3岁开始就有撒谎的倾向，一直到小学二三年级这种现象更加严重，因此，不少父母经常会忧虑孩子的这种谎言，害怕这会成为一种习惯。

其实父母大可不必为孩子撒谎而担心，因为心理学已证明，会撒谎的孩子比不会说谎的更具创造力。为什么？所谓说谎，即是一种说出假想经历的能力，是一种能把语言和行为分开的能力，与"无中生有"的创造力有密不可分的关系。

撒谎技术巧妙的孩子具有潜在创造性，若因孩子撒谎就责其为坏孩子，是剥夺了孩子创造性的思考力，尤其是学龄前的儿童，因为他们的谎话大多数时候是一种无意识的想象，并不是出于欺骗家长的目的。造成这种无意谎言的原因有几种：

其一是儿童的想象和事实混淆，比如儿童说他看见了一只有飞机那么大的鸟在天上飞，这是由于孩子思维能力的局限，无法将想象与事实、真与假区分开来，从而造成夸张式的说法。

其二是透露心中的期望与需求，如孩子对父母讲"昨天老师带我到月亮上玩去了"，可能是老师对孩子讲过登陆月球的事，并非儿童欺骗家长，而是说明孩子想到月亮上去的一种心愿。

对于这类"谎言"，父母不应认为是孩子在欺骗自己，而是应当运用孩子表现出来的想象力积极引导。根据研究，孩子夸张式的"谎言"越多，说明孩子的想象力愈丰富。

5岁以前，不妨让孩子的想象力任意驰骋。因此，下次孩子说他昨天去了月球时，家长不妨这样说："哦，那你怎么去的呢?""月亮上最好玩的是什么呢?""你们在月亮上吃的是什么呢?"听听孩子对他的"月亮之行"发表哪些"感想"。把这些想象组合起来，就构成了一个关于"月亮之行"的故事。最后，对孩子指出，"这些都是你想象出来的，可能以后会实现，但昨天你只是在幼儿园听老师讲故事"，帮助儿童认清想象与现实的区别。对于想象力特别丰富的儿童，家长干脆出些题目，让儿童编故事。

孩子是天生的故事家，他们往往在故事创造的世界里流连忘返。许多伟人的孩提时代都有过相同的经历，他们往往不厌其烦地对一个故事听上许多次，在故事中孩子了解了善良、勇敢，他们的想象力得到充分的发展。讲故事时，可以把整个故事情节绘声绘色地讲给孩子听，一般，当孩子年龄比较小的时候，这种方法对孩子想象力的发展很有帮助。当孩子年龄稍大的时候，可以采用续讲的方法，在故事讲到关键时刻，可以故意戛然而止，让孩子凭借自己的想象力将故事发展下去。为了激励孩子的想象力，你还可以和孩子一起做，看看谁接得最离奇而又合理。

然而在现实生活中，孩子的真正说谎又往往是家长和教师最不能容忍的坏习惯。尤其是上了小学的孩子，有意撒谎几乎是个最大的恶习。事实上，世界上几乎不会有从不撒谎的孩子。据国内某心理研究所调查显示，大约有50%的孩子从3岁起就有撒谎的习惯，在9岁的孩子中，70%以上的孩子撒过谎。一位美国心理学家的调查统计数据更加令人震惊——在美国7岁的孩子中，

98%的孩子都承认自己有过撒谎的经历。当然，这些都是指有意撒谎。因此，父母需要学着努力去识别孩子的无意识撒谎和有意撒谎，从而做出合理的引导。

总之，不要一味地认为撒谎就是个坏习惯，也要看到"撒谎"的另一种创造力，当然，这必须是建立在区别孩子到底"有意撒谎"还是"无意识撒谎"的基础之上，以便进一步激发孩子的创造力。

饶有兴味地倾听孩子的喜怒哀乐

我们都喜欢跟自己的朋友交谈，原因是：在我们悲伤时，朋友会给我们鼓励；在我们生气时，朋友会给我们安抚；在我们愤怒时，朋友会让我们平息；在我们兴奋时，朋友可以和我们一起兴奋。

总之，我们的一切情绪都会得到朋友的积极回应。

其实，孩子对父母也有这样的渴望，他们很希望自己的讲述可以得到父母的积极回应，希望父母可以饶有兴趣地倾听自己的喜怒哀乐。

有个男孩今年上初中，是一位超级球迷，虽然学业比较繁重，可是每次有足球比赛都要彻夜不眠地看。

他也很愿意给母亲讲足球的事情，可是每次兴高采烈地对母亲说着精彩的足球赛事时，母亲却没有一点兴趣，偶尔还会在儿子半夜看球赛时呵斥他。慢慢地，儿子就再也不跟母亲聊足球的事情了，这让母亲心里有些不好受。

于是母亲给儿子写了一封信：

"你是一个铁杆球迷，为了看球，甚至可以不吃饭、不睡觉。说实话，我原本无法理解，对我来说，足球只是一堆人争夺一个球的无聊游戏。你常常深更半夜悄悄起来看英超、意甲转播，虽然为了不吵醒我们，你总是把音量调到最低，但是，你那压抑的激动声响，和偶尔克制不住而发出的大声喝彩，还是会惊醒我，那时，总免不了对你一顿教训。

"可有一天，一个念头突然冒出来：能够让你如此如痴如醉的足球到底为何吸引你呢？我怎样才能够体会你在看足球时的快乐呢？有机会一定要尝试一下。"

对此，儿子在自己的日记中也有所记载：

"奇迹果然出现了！不但是塞内加尔的奇迹，也是我妈妈的奇迹——她竟然从此迷上了足球，每天抢着看报纸，准时看球赛，关心贝克汉姆，询问罗纳尔多。当我们同时情不自禁地站起来给中国队加油的时候，我感到我们的心灵第一次如此相通。我心里只想说：'能跟妈妈分享我的快乐，我真高兴！'"

我们都希望有人分享自己的欢乐与悲伤，孩子更是如此。我们都希望在讲述自己的喜怒哀乐时，能得到他人积极而正面的回应，孩子也是如此。

可是，有多少父母在孩子向他们诉说自己的喜怒哀乐的时候，做到了饶有趣味地倾听呢？很多父母，在孩子滔滔不绝地讲述着令自己高兴的事情时，打断孩子的话，或者只是简单地敷衍几句。

久而久之，孩子肯定不愿意再和父母分享自己的情绪。因为这种打断和敷衍会给孩子一种感觉，那就是：父母是不关心自己的。所以父母在听孩子讲话时，一定要认真积极地回应。

父母的回应一方面可以让孩子感受到父母对自己的关心和爱护，从而愿意与父母分享更多的自己成长中的故事，有助于父母了解自己的孩子。另一方面，这也是对孩子的一种鼓励，鼓励孩子更加从容地把自己内心的想法表述出来，这对于孩子日后的表达能力和交流能力的提高都是有益处的。

有些家长为了维护其尊严和权威，往往对孩子实行命令主义，总要摆架子，对孩子过多地批评、指责，极少鼓励、赞扬。这种家庭教育方式让孩子怎么开口讲心里话呢？有些父母因孩子动作慢，索性代劳，当孩子想表达自己的意见时，父母却抢着说。这种不耐心倾听的结果，会干扰孩子创造性的思考过程，使他变得沉默、依赖。

我们都知道，仔细倾听孩子的诉说并回答孩子的问题对加深亲子关系大有裨益，这可以加强孩子的自信心和安全感。

因此，孩子说话时，无论家长有多忙，一定要眼睛看着孩子，不要随意插嘴，尽量表现出听得很有兴趣的样子。

惊喜在最后——耐心听孩子说完

很多父母总是不等孩子把话说完，就迫不及待地打断孩子，并开始教育孩子。美国知名主持人林克莱特一天访问一个小朋友："你长大后想当什么？"

小朋友回答："我要当飞机驾驶员！"

林克莱特接着问："如果有一天，你的飞机飞到太平洋上空时，所有引擎都熄火了，你会怎么办？"

小朋友想了想说："我会先告诉坐在飞机上的人绑好安全带，然后我挂上我的降落伞跳出去。"当时现场的观众笑得东倒西歪，林可莱特没有笑，而是继续注视着这孩子，没想到孩子的两行热泪夺眶而出，林克莱特问他："为什么要这么做？"

"我要去拿燃料，我还要回来！"小孩的天真烂漫、纯真善良，就在这最后一句话里尽显无疑了。可是，不是每一位父母都能做到像林克莱特一样，给了孩子说出最后一句话的机会。然而，往往孩子们让我们惊奇的一刻就在这最后一刻。

孩子有着不同于大人的思维模式，他们充满想象力，没有生活经验的束缚，也不带有很强的道德意识。作为父母，一定要去理解孩子的这种思维，不能凭借自己的生活经验或者道德要求给孩子评价，否则对孩子的心灵来说，是一个很大的伤害。要知道，不管是对于周围人的爱还是对于一件事情的看法，孩子总是有着不同寻常的表达方式。

爸爸带着哥哥和弟弟去游乐场里玩。哥哥和弟弟都想玩荡秋千,可是哥哥一直坚持要自己先坐在秋千上玩一会儿。

"你是哥哥,要懂得让弟弟,知道吗?"爸爸严厉地训斥着哥哥,可是哥哥的手还是抓住秋千不放。

"卡尔,你不能这样,否则会让爸爸很失望。"爸爸决定换一种口气去跟哥哥沟通,可是哥哥还是抓住秋千不放,一直低着头。爸爸最后很生气,把哥哥从秋千上拽了下来。哥哥很委屈,回家的路上,都不和爸爸说一句话。

回到家后哥哥也一直闷闷不乐,妈妈就问是怎么回事。爸爸说:"大概是他今天没有玩到秋千,心里不高兴吧。"哥哥听到爸爸的这句话后,大声地哭了起来,跑回了自己的房间。

妈妈觉得一定是爸爸有什么地方误会哥哥了,于是敲开哥哥房间的门,去询问到底怎么回事。"妈妈,我讨厌爸爸。其实,我今天只是想先去试试那个秋千是不是真的修好了。我前几天路过公园时,看见有人从秋千上摔了下来。"小男孩跟妈妈抱怨道。

听了男孩的抱怨,妈妈把他抱在了怀里,原来,孩子是这样的善良,可是他们却冤枉了他。

每个孩子都有无数的惊喜等着父母去发现,耐心地听孩子把话说完,感受孩子的童真和他们内心的爱,这对于所有父母都是一门必修课。

第六章

用情感引导法教孩子合理控制情绪，掌控自己的生活

你的孩子能管住自己吗

东东是一个很聪明的孩子，就是没定性，上课不专心。晚上回家，妈妈给他辅导功课的时候，不是要吃东西就是要喝水，刚坐下没2分钟又吵着要上厕所，来来回回地折腾，本来半小时就能做完的作业，非得花上2小时。东东的妈妈为此头疼不已，她实在不明白为什么东东就不能集中精力，专心学习。

东东的例子比较典型，在小学低年级的儿童身上经常看到的好动、可控性差的特点，这是儿童缺乏自我控制的体现。

自我控制是指个体在无人监督的情况下，从事指向目标的单独活动或集体活动。孩子自控能力差表现多样，包括做事缺乏坚持性、随便乱发脾气、无故招惹别人等。

自我控制既是个体社会化的重要内容，又是实现社会化的重要工具。自我控制能力差会影响儿童的身心健康、同伴关系、社会适应能力等，孩子要建立符合社会道德的行为模式必须学会自我控制。

自我控制能力并非与生俱来的，孩子在后天的环境中，随着生活范围的扩大、生活经验的丰富、认知的发展和教育的影响，他开始逐步学习并掌握了一定的策略来控制自己的活动和情绪。孩子自我控制能力的发展主要体现在以下几个方面：

初步移情阶段：孩子由于年龄小，心理认知还没有完全发展等原因，决定了他以自我为中心的心理特点，考虑事情多是站在自己的角度，很少考虑他人。但是这个阶段的孩子已经具有了初步移情能力，对别人的体会和感受具有了一定的理解能力。

延迟满足阶段：孩子的自我控制能力在这个阶段的一个重要表现就是延迟满足。孩子在遇到有喜欢吃的食物又不能马上吃的情况的时候，会控制自己的行为，忍一会儿，直到可以吃的时候再行动。

有效掌握阶段：这个阶段的孩子已经掌握了一些有效的自我控制方法，对自己的行为和情绪进行调节，比如采取转移注意力、同其他人进行协商等方法。

善于自我控制的儿童又可以称为"弹性儿童"。他们有很强的灵活性，对自己的控制程度随环境变化而改变，在需要控制的时候能很好地管住自己，在不需要控制时也能完全放松自己，如同弹簧一样，既能紧，也能松。这样的儿童在学习的时候能够专心学习，在玩的时候也能尽兴地玩耍。

那么，是不是自我控制能力越强越好呢？其实并不是，自我控制有一个适宜的度。

自我控制过度的儿童很少表达情绪，不会直接表达应该表达的需要，行为刻板，有很强的抑制性，做事情不分心，没有主见。他们平时很少惹麻烦，很容易被老师和父母忽视，容易焦虑、抑郁、不合群。

然而，很多父母烦恼的是自己的孩子学习时太容易分心，一旦想要什么吃的玩的也要马上得到，这是儿童自我控制过低的表现。这样的儿童无法延缓满足，易冲动，情绪多变，在人际交往中带有一定的攻击性。

如何才能提高孩子的自我控制能力呢？比较常见的做法有：

1. 正确评价孩子的行为

父母要及时对孩子的行为做出反馈，孩子做得对的要积极表扬，同时，孩子做得不对的也要进行批评，帮助孩子建立正确的自我评价体系，如：欺负别的小朋友是不对的，主动帮助别人是高尚的行为等。需要注意的是，批评的方法要斟酌，让孩子抱有希望。只有正确认识和评价自己，孩子才能提高自我控制的动机水平。

2. 在日常生活中树立规则概念

父母可以让孩子在实际生活中去体验一些常见的规则和要求，如红灯停绿灯行等，让孩子真正理解和掌握这些规则要求，从而逐渐养成遵守一定规则的行为习惯，逐步提高自我控制能力。

3. 培养孩子的坚持性

培养孩子的时间观念，有意识地延迟满足，让孩子学会等待，在平时要求孩子坚持做完一件事情后再去做另一件事，帮助孩子提高自我控制水平。

孩子的自我控制能力的发展是一个渐进的过程，家长们要从孩子还小的时候做起，针对孩子的特点，采取有效措施，促进孩子自我控制各方面的平衡发展。

"永远不生气"——环境也能控制情绪

人类学家琼·布里格斯曾经写过一本书叫作《永远不生气》，在书里她记录了自己和北极圈附近的因纽特人一起生活的经历。她在那里居住了17个月，借宿在当地一家因纽特人家中，这样她可以在他们的圆顶小房子里面近距离地观察这家人和他们的邻居。

因纽特人拥有罕见的平和心态，他们的社会交往中几乎没有任何互相攻击的迹象。他们反对任何形式的生气。在因纽特人的社会观念里，理想的人是在与别人的交往中始终保持热情，时刻准备保护别人和脾气温和的，这种理想的人永远不会在外在行为中显露敌意。

在孩子出生后的前两三年中，允许有生气和愤怒的情绪，但是在那以后，父母会不断地告诉孩子这些情绪是不允许的。他们努力通过各种渠道疏通孩子的消极情绪，用来帮助孩子们获得耐心和自我顺从这些奥特古人的美德。父母不是靠吼叫或者威胁做这些的，而是用语言和脸色平静地表现出他们的禁令。社会环境影响的最终结果是，因纽特儿童比其他地方的孩子明显地缺乏攻击性，而且从很早开始，同伴间的敌意就是很少见的现象。

这样的社会环境控制情绪的例子还有很多。比如西太平洋岛上的伊菲鲁克人不允许表现出高兴，他们认为这种情绪是不道德的，会导致人们忽视责任。所以他们在抚养孩子的过程中会避免表现出与这种情绪相关的兴奋。生活在委内瑞拉和巴西边境的雅诺马莫人在人际关系中把凶猛看作最优秀的品质，他们之间的一切问题都用暴力来解决。无论男孩还是女孩都被教育要在与其他孩子的交往中富有攻击性。

情绪发展拥有共同的生理基础，但是情绪后期的发展是受到各种社会经验影响的，结果使得每一个社会文化中表现情绪的方式千差万别。每一个社会都会发展处被自己的社会文化所接受的应对情绪的方法。而孩子们即使开始没有任何区别，在社会文化的影响下，为了能够和其他的社会成员顺利交往，孩子们会逐渐发展出被社会所接受的情绪表达方法。为了早日被社会成员所接纳，孩子们总是尽早地学习所在社会的情绪表现规则。

孩子只有早日学会表现规则，他们才能知道自己在某个情境下要如何合适地表现自己的情绪。在某些场合中，人们常常宽容孩子们的"自然表现"，但是在多数情景中，即使是小孩也要学会掩饰情绪的自然流露，甚至需要用不同的情绪代替自己的真实感受。

"在别人送给你一件他认为你会喜欢的东西的时候，你要看上去高兴"，这似乎是一个在各个社会中都赞同的情绪表现，一位科学家针对这种情绪曾经做过一个实验：

他选择了一批 6~10 岁的孩子，让他们去帮助一位大人评价教科书，然后这个大人送给他们每人一件漂亮的礼物作为感谢。过几天，这几个孩子又被要求去帮助大人，但是这次只送了一件很普通的适合婴儿玩的玩具。这位科学家对这些孩子接受礼物时候的表情、声音和其他的身体反应都进行了录像。

在回应第一件礼物的时候，孩子们都表现出常见的高兴的神情：微笑，看着大人，真诚地说谢谢。当看见第二件礼物的时候，大一点的孩子很好地掩饰了自己的失望，至少表现出了一些高兴的迹象；可是小一点的孩子就明显地表现出了失望。由此看来，大一点的孩子已经掌握了将外在表现与真实感受区别开来的要求，但是小一点的孩子却刚刚开始学习这个情绪表现方式。

所以，孩子情绪的表达并不是随意的，它往往受到多种因素的影响，社会环境也有很强的控制情绪的能力，父母帮助孩子建立受社会文化接受的情绪表达方式，而不能一味地让孩子总是以"自我为中心"。

了解"人来疯"孩子的真实心理

"小麻雀"是王爸爸送给女儿的昵称，这个孩子从小就活泼好动，今年已经 4 岁了，虽然依然是个小淘气，但是也能坐下来安安静静地玩玩具或者看看书。爸爸经常觉得女儿长大了,开始懂事了,非常开心。可是,每次带女儿去亲戚家,或者参加婚宴,又或者家里来了客人的时候,小家伙就会马上恢复"小麻雀"的本性,变得特别兴奋,欢呼雀跃,大喊大叫。一会儿打开电视,把音量放到最大;一会儿上蹿下跳,模仿动物的叫声;一会儿又把洋娃娃抱出来,在客人面前玩过家家……如果爸爸妈妈制止她这种行为,她反而会闹得更厉害。

相信很多家长都遇到过这种尴尬的场面,甚至平时乖巧、礼貌的孩子也不例外,一旦有客人来了就无理取闹、撒野,弄得父母很难堪,不知如何是好。为什么孩子会出现这种"人来疯"现象呢?

儿童心理学家认为,家长的过度溺爱或者严厉的管束都有可能会造成"人来疯"现象。我们知道,现在的孩子大多以自我为中心的意识特别强。孩子在心里觉得自己的地位"至高无上",而且已经习惯了这种待遇。但是,在家里来了客人或者到别人家里做客时,父母的关注焦点发生了转移,把主要精力放在招待或应付客人身上了,对孩子的行为和心理状态没有平常那么敏感,孩子一下子感觉到自己从"宝座"上摔了下来,心理落差很大,所以要通过任性、不听话等方法来引起父母、客人的关注,这实际上是在提醒父母:还有我呢,不要把我忘记了。

过度严厉的管束也会引起孩子的"人来疯"现象,平时家长不让孩子与外界接触,孩子就像笼中的小鸟,被抑制了爱玩的天性。如果家中来了客人，而且客人还夸奖孩子活泼，这时候家长又很宽容，不好意思当着客人的面训斥孩子。孩子会敏感地感觉到这种变化，利用这个机会来解放自己。

另外父母要反思自己的家庭生活是不是过于平静，日复一日，气氛单调，所以有人来做客才会打破往日的平静，给孩子带来强烈的刺激，使孩子发"人来疯"。

那么，面对孩子的"人来疯"，父母应该怎么做呢？

首先，父母应该改善家庭教育方法，平时要多给孩子机会与外界接触，多与人交往，以减少看见客人时的新鲜感。家里有客人来时，让孩子与客人接触，学会问好和招待，使孩子懂得一些待客之道。同时还要注意把孩子介绍给客人，这样可以使孩子感觉到不受冷落，大人们交谈的时候，如果不需孩子回避，就尽量让他参加；如果需要孩子回避，也不要把孩子单独支到一边，可以派出父母中的一个去陪他。

其次，当孩子发生"人来疯"的行为时，家长不要急于改变这种情况，因为直接的说教可能会使孩子产生逆反心理。为了改正孩子的"人来疯"情况，家长应该试着和孩子玩在一起，等孩子丧失了戒备心之后，再有针对性地慢慢沟通和解决问题，而不要只是一味强硬地要求孩子改正。

另外，在批评孩子的行为的时候，也要注意方法。如果孩子还小，家长应该抓住时机及时教育，让他清楚自己错在什么地方。要对孩子讲清楚，这种行为是对客人的不礼貌，大家都不喜欢。但是最好不要采取过激的态度，因为那样不仅会让客人尴尬，孩子也听不进去。如果孩子比较大了，最好不要当客人的面教训他，因为这时候的孩子自尊心很强，如果当着别人的面批评他，揭他的短，会让他觉得很难为情。

最后，家长也可以利用孩子的"人来疯"，引导孩子在客人面前展示自己的优点和其他特长，出于一种爱在别人面前炫耀自己的心理，孩子在客人面前的表现往往比平时好。

孩子得了"多动症"怎么办

活泼好动是儿童的天性，也是他们的可爱之处。但是日常生活中有些孩子不是活泼好动，而是不听家长、老师的劝阻，不分时间、地点地乱动乱跑，这些儿童很可能就是患上了儿童多动症。

儿童多动症又称为注意力缺陷障碍，是一种以注意力缺陷和活动过度为特征的行为障碍，一般在学龄前出现，其中男孩多于女孩。

多动症的主要表现就是活动过度，多动症儿童经常不分场合地过多行动；但是不是所有的活动量过大都是多动症，多动症患儿的行动往往没有目的性，做事经常有始无终。

此外，注意力不集中也是多动症的一个显著特点，与正常儿童相比，多动症儿童极易受外界的干扰而分散注意力，总是不停地从一个活动转向另一个活动。他们在任何场合都不能较长时间集中注意力，即使是在看动画片的时候，也不能专心；而那些仅仅是活动量过大的孩子，在做自己喜欢的事情时，是能够全神贯注的。

情绪不稳、冲动任性，易激动、易冲动等都是多动症儿童的典型特征。有研究表明，80%的多动症儿童都喜欢顶嘴、打架、纪律性差，有的甚至还有说谎、偷窃、离家出走等行为。同时由于注意力不集中，多动症儿童还常常出现学习困难，但是要注意的是多动症儿童的智力发育是正常的。

多动症如果得不到及时治疗，将会影响一个人生活的各个方面。青春期时，患儿就会出现一系列问题，如逃学、反社会行为等。到成年期，虽然很多患者会发展出一套行为机制来隐藏多动症症状，但是他们依然无法避免多动症带来的影响：难以与他人融洽相处，因此社会关系紧张；很难较好地完成工作任务，因此无法维持固定的工作并且收入低。

那么面对患有多动症的孩子，父母应该采取什么样的方法来最大限度地减少多动症带来的影响呢？

首先父母要正视现实，给孩子更多的关心、教育和培养，带孩子去医院进行心理咨询和检查，听听医生的分析。如果确定孩子患有多动症，就要配合医生进行治疗。目前对多动症的治疗主要是药物治疗，但是要在医生的指导下进行，家长不能胡乱给孩子用药。

另外还有一系列的心理治疗方法，父母要协助孩子完成。首先是提高孩子自我控制能力。父母可以试着给孩子一个简单的题目，让孩子在完成题目之前做好一系列的动作。首先停止其他活动；然后看清题目，听清要求；最后，回答问题。这种训练可以随时随地进行，比如当孩子要看书的时候，让孩子自己把书本、凳子摆好，打开台灯，完成这一系列动作之后再看书。需要注意的是，在进行自我控制训练时，任务要由简到繁，时间要由短到长，自我命令也要由少到多。

孩子任性其实是一种心理需求

生活中，经常见到一些孩子特别任性，为达到某种目的哭闹不止，把家长搞得精疲力竭。

人们往往把这种任性归咎于家长对孩子的娇惯，其实这种结论过于简单和武断。

美国儿童心理学家威廉·科克的研究表明，孩子任性是一种心理需求的表现，与父母的娇惯没有必然的联系。他指出，幼儿随着生理发育，开始逐渐接触更多的事物，但对这些事物的正确与否，他们却不能像成人那样做出准确和全面的判断。孩子只会凭着自己的情绪与兴趣来参与，尽管有些参与行为会对他们不利。

处于独立性萌芽期的幼儿，对一切事情都想亲力亲为、想弄个透彻，这原本是好事。但是，孩子肯定有他的幼稚性和不成熟性，不可能像成人一样理性。因此，孩子的这种"亲力亲为"的心理行为，往往会显得不合情理，这就是我们所说的任性。家长有时需要进行换位思考，从孩子的角度看待他们的行为表现，对其要求不可包办代替或断然拒绝。而要根据当时的实际情况采取不同的措施区别对待，毕竟孩子任性有时也是一种心理需求，应该得到尊重。

但是，绝大多数家长是以成人的思维考虑结果，却往往忽略了孩子的情绪和兴趣。实际上，这些兴趣与要求正是孩子心理需求的一种表现形式。这些事情表面看起来是孩子太任性，在无理取闹，其实真正的原因是孩子的好奇的心理需求没有得到满足。当这种心理需求得不到安抚和满足时，孩子只能以哭来表示抗议。

面对任性哭闹的孩子，对其进行严厉的批评毫无意义，父母应该把重点放在分辨孩子的哭闹原因上，再想些帮助他的办法。否则，孩子的任性就会越来越严重，这实质上是一种与家长对抗的逆反心理，多因家长初始没有理解和重视他们的心理需求所致。所以，年轻的家长应该多了解孩子的心理，从而理解和接受孩子的心理需求。

让孩子学会表达爱

每个父母都爱自己的孩子，恨不得把所有的爱全部倾注在孩子身上，但父母在付出爱的同时，忘记了教会孩子如何表达自己的爱，而是一味地只知道给予。爱是相互的，父母爱孩子就要把自己的爱以适当的方式传递给孩子。让孩子学会表达爱也是爱孩子的一种方式。

一位妈妈曾向教育专家倾诉孩子不知道体谅自己的辛苦。

儿子今年13岁了，从他小时候起，每天我都很辛苦地为他做事，从日常生活的饮食起居，到学习辅导、兴趣培养，都由我一手打理。可是孩子却很冷漠，对我所做的一切毫不领情，我有时抱怨他不知体谅我的辛苦，他反而不耐烦地说："是你自己愿意做的，又不是我让你做的。"我既生气又寒心，孩子怎么不知道感恩呢？

在现实生活中，有许多父母有类似的困惑：为什么我为孩子做了那么多，孩子却没有心存感激呢？究竟父母应该怎样做，才能让孩子学会感恩呢？父母仅仅爱孩子是不够的，在父母为孩子付出一切的时候，如果没有把爱以适当方式传递给孩子，孩子内心便无法真正感受到父母的爱。孩子不感恩，有很多原因，妈妈可以试图让孩子学着爱人，给孩子表达爱的机会，让孩子渐渐明白父母是如何爱自己的。

为此，父母一方面要引导孩子表达爱，另一方面要对孩子的爱给予积极的回应，使孩子感到他们的爱是父母生活中的一种力量。比如，孩子的爸爸过生日，妈妈可以与孩子一起为他精心准备礼物，做一顿丰盛的美食，孩子可以从中学习如何表达爱。爸爸感动于母子两人的爱心，流露出激动与喜悦，会使孩子得到鼓励和信心。英国教育家夏洛特·梅森认为每个孩子心中都有爱的源泉，它唯一的事情就是流淌，而在父母这方则要保持体贴、友好、感恩、孝顺、奉献这些渠道不封闭、不阻塞。让孩子感觉到他们每一次爱的流露所创造的喜悦，从小在家庭中培养感恩之心。当孩子学会对父母心存感激之时，才会把这种情感扩大到他人与社会。

爸爸妈妈让孩子学会表达自己的爱，就要通过自己以身示范如何爱人。

开心的父母才有快乐的孩子

对天下父母来说，让孩子生活得幸福快乐，让孩子时刻感受到自己被爱和快乐所包围，是宁愿倾自己所有也愿意为孩子实现的。从某些方面来讲，孩子的幸福就是为人父母的幸福，当你忙碌一天回家，看到孩子那张洋溢着快乐阳光的脸时，便会觉得再辛苦也值得。

如何才能让孩子体会到幸福快乐呢？父母永远都是孩子的典

范，懂得营造家庭轻松气氛，让家里充满温馨，懂得如何让生活轻松而快乐的父母，对于孩子的成长中所起的作用是老师或者孩子周围任何其他人都替代不了的。美国作家杜利奥曾说过，只有开心的父母，才有快乐的孩子。

金金是一名小学生，学习成绩优秀，还弹得一手好钢琴，同学们都很羡慕他有一个作曲家爸爸。可是金金却一直闷闷不乐的。有一次，金金去同学家里玩，这个同学家里条件没有自己家里好，但是家庭很温馨。回家的时候，金金拉着同学父母的手说："阿姨，我真想住在你们家！"原来金金的爸爸总是忙于自己的工作，由于工作的特殊，爸爸的眉头总是拧得紧紧的，每当缺乏灵感他更是会大发雷霆。这种情况下，金金的父母总是一声不吭地躲进房间抹眼泪。

对于孩子来说，家庭是可以避风的港湾，即使受到再多伤害，只要一回到家，就能重获安全了。在一个幸福快乐的家庭里成长起来的孩子，比那些在不幸家庭里的孩子要幸福得多，因为他们从小被快乐的氛围所熏陶，自然就会有乐观的性格，遇到事情能以乐观的心态看待并积极地想办法去解决，而不是消极的逃避或者听之任之。

孩子的情绪很容易受到大人的影响。做快乐的父母，比做为了孩子而放弃了自己的快乐的父母，为孩子带来的幸福要更加的长久。有些父母省吃俭用一生，为孩子牺牲太多，每天很少有余力去开拓自己的兴趣，这也相当于放弃了自己的一部分快乐。每个人都有自己的精神世界，放弃了自己兴趣和快乐的父母无形中就会将自己放弃的东西寄托在孩子身上，这样一来免不了会为孩子带来压力。试想，一个背负了巨大压力，且生活在没有欢声笑语的家庭里的孩子，又怎么能感受到快乐呢？

小林在和朋友的一次聊天中，回忆起了年幼时的爸爸妈妈为了节省从未吃过一顿好的，从未穿过一件好衣服，感慨不已。于是，他下定决心："一定要舍得为自己花钱，平时多出去玩玩，和朋友到处逛逛，要让自己开心，不要想着为孩子省钱而放弃了自己的快乐。即使你已为人父母，也有享受自己生活的快乐的权力。"

小林的一位朋友对此也深感认同。她的妈妈是一位永远懂得如何追求自己的生活目标的人，"每次想到她，我就可以全身都充满活力去追求自己的目标，战胜困难。"

只有自己先感到快乐，才能带给别人快乐。只有家长自己心灵得到充实以后，才会由内而发出乐观积极的心态，并将这种乐观积极的心态传递给孩子。仅仅物质上的富有并不代表快乐，真正的快乐是极易感染到他人、让他人从心里感到温暖和快乐的。营造和谐快乐的家庭氛围，将自己的快乐传递给孩子，就能让孩子更快乐。

要营造和乐的家庭气氛，父母不妨偶尔制造一些意外的惊喜。比如，圣诞节的时候给自己戴一顶圣诞帽，然后在孩子的鼻子上放一只红红的麋鹿鼻子，让他觉得很滑稽也很快乐。再比如，休息日带着孩子出门踏踏青，多接触大自然，给孩子一个可以接触新鲜事物的机会，培养他开朗豁达的心境。

有这样一个说法，"一个人一天需要4次拥抱才能存活，8次拥抱才能维持，16次拥抱才能成长。"当你心情愉悦的时候，就不要吝啬表达你的快乐心情，不妨笑出声来。有的家长为了保持威严，经常在孩子面前摆出一副严肃的形象，殊不知那只会让孩子不再敢与你接近，而笑声则能让你与孩子的距离更加贴近。家长朋友们，不妨多笑一笑，在有益自己身心的同时，也能让孩子得到快乐。

积极暗示，让孩子摆脱坏心理

心理学家巴甫洛夫认为，暗示是人类最简单、最典型的条件反射。所谓心理暗示，是指人接受到人的愿望、观念、情绪、态度等影响的心理特点。

心理暗示会对人产生强大的力量。在心理学上有一个著名的实验，在实验者的手臂上放一块试纸，并告诉他们这是一张有特殊功效的试纸，能让试纸所接触地方的皮肤变红变热。十分钟后，实验者把他们手臂上的试纸解了下来，一看，果然发红并且也变热了。其实，这只是一张普通的纸，是实验者的心理暗示让皮肤发生了变化。

同样，心理暗示对于培养孩子的性格、学习和生活习惯以及意志品质方面也有很重要的作用。这些作用有积极的，也有消极的。积极的心理暗示往往比说理教育还好，能融洽父母与孩子之间的关系，含蓄又委婉，有利于孩子在无形中养成良好的性格和心态，帮助孩子往好的方向发展，在积极暗示下成长起来的孩子心智发展也更全面，品格也更优秀。消极的暗示则是孩子心灵的腐蚀剂，让孩子情绪低落，产生自卑和自弃的心理，让孩子脆弱而娇气，很容易被困难打倒且一蹶不振。

有一天幼儿园放学，蓉蓉和乐乐一起下课牵手出了校门，站在校门对面的蓉蓉的妈妈和乐乐的外婆，一起等着他们。

两个孩子手拉着手，蹦蹦跳跳地朝着妈妈和外婆的方向跑过去，可是一不留神，砰的一声，蓉蓉摔倒在了地上，乐乐被她顺势拉了下去，也摔在了蓉蓉的身边。

两个孩子开始还没哭，完全没怎么反应，只愣愣地看着妈妈和外婆焦急地向这边跑来。

蓉蓉妈妈一把把蓉蓉抱在怀里，问，"宝贝摔疼了吧？痛不痛？"蓉蓉听到妈妈的安慰，眼泪哗的掉了下来，特别委屈地哭了起来。

这个时候，乐乐外婆也把乐乐拉了起来，拍了拍乐乐说，"没有什么，宝宝一用力就可以起来了，外婆带你去看看那边是不是有好玩的。"于是乐乐立刻乐颠颠地起来，安慰了一会儿蓉蓉，跟着外婆乐颠颠地走了。

其实刚开始蓉蓉和乐乐都没哭，蓉蓉妈妈的话暗示蓉蓉自己摔倒了是很疼的，于是就开始哭。但是乐乐外婆暗示乐乐摔倒也没有什么，所以他很快忘记了摔倒的疼痛。同样是摔跤，不同的心理暗示带来的效果是截然不同的。

每天，孩子都能接收到不同的暗示，这些暗示可以从身体、眼神、神态等各个角度传达给孩子。有调查表明，几乎 90% 在品质、意识和智力方面有杰出表现的人，在自己的童年或少年时期都受到过来自亲人的积极的暗示，最多来自母亲，也有的来自父亲、老师、祖父母，等等。而在这所有的暗示中，来自妈妈的暗示是孩子健康成长的关键，因此妈妈平时就要特别注意给孩子积极的暗示，让孩子保持乐观积极的心态，从而有助于他身心的健康发展。

给予孩子积极的暗示，最重要的就是要注意平时与孩子交流中说话的方式，同一个意思用不同的句子说出来，效果可能就会截然不同。例如，当你想让孩子变得更独立，就要告诉他独立的种种好处，而不能说"如果你不独立，妈妈就不要你了"这一类话来刺激孩子。如果你想让孩子不怕黑，那么可以给孩子讲关于黑夜的美丽故事，黑夜里，星星们在悄悄地说话，花儿们也在静静的绽放，让孩子心生向往，从而不再怕黑，而不是给孩子讲关于黑夜的可怕，那样只会令孩子更加消极。

积极的暗示在潜移默化中影响着孩子稚嫩的心灵。称职的父母有责任和义务将积极心态、积极情绪传递给孩子，牵引着孩子朝着健康、积极向上的成长之路前进。

接受孩子的感受才能让他们感受好些

深冬的早晨,在一个社区中心健身房外的走廊里,有个2岁的男孩突然大发脾气。他先是一下子趴到地下,紧接着躺在地上滚来滚去,大声地哭叫了起来。周围的人来来往往,而这个小男孩依旧任性地躺在地上不起来,而且哭叫声越来越大。

这个时候,他的母亲在他身旁却一句话都不说,她先是放下手里的包,然后蹲下来,再接着坐下来,后来索性全身趴在地上,使她的头和儿子的头成了一个水平线,两个人的鼻子也碰在一起。走廊里来来往往的人越来越多,大家也都小心地绕开他们,尽量不去注意他们;母子两个旁若无人地趴在那里好半天。

最后,孩子脸上的愤怒慢慢消失,显露出平静,哭叫声变成了耳语,终于把哭红的小脸靠在地板上,他的妈妈也同样把脸靠在地板上。孩子看母亲,母亲就看孩子。最后孩子站起来,母亲也站起来。母亲拿起丢下的包,向孩子伸出手来。孩子抓住了母亲的手。两人一起走过了长长的走廊。

到了停车场,母亲打开车门,把孩子放在儿童座上扣好,亲了一下他的额头。这个时候孩子的情绪已经变得非常安稳甜蜜。而在这整个过程中,母亲居然没有说一句话。

这位母亲自始至终没有说一句安慰孩子的话,但是却将孩子的情绪安抚好了。那么,究竟是什么样的力量使母亲安抚了这个原本情绪不平静的孩子呢？"理解和接受是一种无形的力量，会将人从沮丧中救出来"，西方一个哲学家的名言可以说是最好的答案。

在日常的生活中，可能很多人都有这样的经历：当被人理解之后，内心就会感到温暖，在这种情况下的人通常容易打开心扉、畅所欲言。而当一个人感到自己不被人理解的时候，就会感到委屈孤独，什么都不愿意说，甚至刻意疏远他人。

成人如此，孩子也一样。所以，家长在注重爱护孩子、教育孩子的时候，也应该设身处地地把自己放在孩子的角度考虑他是否可以接受。就如文章中的那位母亲一样，在孩子突然发脾气的时候，不是去指责他，而是理解孩子的感受，从而让孩子心情渐渐平复，可以说，这就是那位母亲安抚孩子的力量。

很多家长为自己的孩子感到头痛，他们认为孩子从来都不会说出自己心里的话，尤其是生气的时候，只是一个劲地无理取闹。很多父母总是不自觉地站在大人的角度，只对孩子所做的事情进行评论，却忽略了孩子的感受。

刘芸已经14岁了，是一名初中二年级的学生，平时学习成绩很优秀，最喜欢的科目就是语文，从小到大获得的奖状贴满了家里的墙，里面有不少都是作文竞赛获得的奖状，父母对刘芸的学习一直都很有信心。

可是她最近上课总是心不在焉，尤其是上语文课的时候。原来，刘芸的语文老师是一名新来的大学生，刘芸很喜欢他，觉得他上课风趣幽默，说话的声音也很好听。可是，同时，刘芸也很烦躁，一个学生怎么能喜欢自己的老师呢？她很想把这件事情跟妈妈说说。

一天晚上回到家，刘芸忐忑不安地把这件事情说给妈妈听。妈妈听了很生气，就对她说："你这么做是不对的，明天我就去你们学校给你转个班。"刘芸听了这句话后，立马就站了起来，转身走了。而刘芸的妈妈却还一头雾水，觉得孩子怎么成这样了，真是越长大越不懂事。

其实，对刘芸来说，她需要的是妈妈的理解，希望妈妈能理解自己的感受，从而让她可以轻松一些。可是，刘芸的妈妈却没有做到。如果做父母的都不能理解孩子的感受，那孩子的感受怎么会好呢？

天下父母都希望自己的孩子顺心如意、没有烦恼，但这是不可能的。不良情绪来了，与其逃避和压抑，不如站在孩子的角度，先接受孩子的这种糟糕的感受，然后和孩子一起去解决问题。

积极认同孩子的挫败经历

没有一帆风顺的航程，也没有一帆风顺的人生。作为家长，与其过度保护孩子不让孩子经受一点挫折，成为温室中的花朵，倒不如给孩子的挫败经历以认同，让孩子在每一次挫败经历中都能为成长增加一份坚韧和成熟。

每个人都有遭遇失败的时候,都希望得到周围人的安慰和帮助。孩子的心理承受能力比起成年人来更是脆弱得多,也比成年人更希望得到安慰和帮助。作为父母,在这个时候认同孩子的挫败经历,更能使孩子感受到父母的爱,从而拉近与父母的关系。

一个足球运动员在接受采访时说:"我一直都觉得自己很有足球的天分,可是,在我上中学的时候,第一次参加大型的足球比赛时,球队输了,我的心情很低落,开始怀疑自己是不是真的有足球天分。这时候我爸爸拿出了一张10美元的钞票,问我想不想要,我点了点头,然后,他把这张10美元放在脚下踩了几下,问我现在还想不想要,我依旧点了点头。然后他对我说:'孩子,你记住,每个人的价值都不会因为一次失败的踩蹓就没有了,相反,它一直都在。只是有时候你低落的心情将你的眼睛欺骗了。所以,不要放弃!'这段话让我重新相信我自己是有天分的,有价值的。后来,我每一次遭遇到失败时,都会想起爸爸的话。这段话是我失败时候的支柱。我很感激我的父亲。"

孩子的生活经验毕竟有限,在遭遇到失败以后,快速找出失败的原因是有些困难的,这时候如果父母能积极认同孩子挫败的经历,帮助孩子理性分析,无疑会给孩子带来很大的帮助。

第七章

不惩罚、不讨好、不恐吓，正面管教、宽而有度

孩子犯了错误总是狡辩怎么办

田女士是一个讲民主、尊重孩子的妈妈，一般不会强迫女儿做什么事情，女儿也因此思维活跃、能言善辩，不过现在田女士却面临着一个困惑：女儿越来越喜欢狡辩，无论做什么事总有自己的理由，不愿意听取父母的建议。比如，孩子见到田女士的好朋友从来不叫阿姨，田女士告诉她这样不礼貌之后，她还是不叫，而且还列举了各种理由：我不喜欢叫；我不喜欢这个阿姨；我当时想睡觉，等等。几乎所有的问题，只要她不想做，都有很多理由。田女士不禁为孩子的表现担心起来。

在一个民主自由、喜欢讲道理的家庭中，孩子比较容易养成能言善辩、自作主张的行为习惯，相应地，也容易变得不愿意听取别人意见，喜欢一意孤行。好的教育应该让孩子既有主见，又能听取别人的合理意见，并对自己的行为做出调整。这样的孩子对自己和他人的意见具有较强的分辨能力，不至于演变成顽固地坚持自己想法的人。

讲道理是值得提倡的教育方法，但是为什么很多父母感到给孩子讲道理没有用呢？对于孩子来说，尤其是12岁以下的孩子，他们的心理发展特点是以形象思维为主,还很难理解许多抽象的名词概念,因此这时候对孩子的教育应该以行为训练为主,最好不要用讲大道理的方式进行。比如当孩子不喜欢叫阿姨的时候,不必讲很多为什么不叫阿姨是错误的大道理,只要培养孩子礼貌待人的行为习惯就好。

另外家长还要反思自己是不是在某些时候对孩子的狡辩表示了赞赏的态度。比如有时候,孩子"狡辩"之后,家长会说:"你这小嘴还挺能说!""你还挺有主意!"还有的家长会用假装生气的态度对孩子说:"不许狡辩!"但是内心却存在对孩子的欣赏。这种潜在的欣赏比直接的表扬更让孩子有快感,于是他知道了:反驳父母的建议反而能获得父母的好感,所以不听取父母建议的习惯就这样形成了。

此外,父母还要注意的一种情况是,虽然在大多数情况下,父母的要求和做法都是正确的,但还是不能忽略孩子的态度和意见。现在是个多元化的时代,教育的难度增大了。我国多年形成的文化中,总是希望孩子听话。可是如今的孩子有了自己的思想,对家长不再言听计从,有时候甚至还会对着干。面对这种情况,家长应该与时俱进,转变观念,和孩子一起成长。时代进步了,不能把自己看不惯的事物通通看作"大逆不道"。要对孩子进行正确的引导,学习与孩子沟通的技巧,建立良好的关系,而不是单纯地责怪和打骂。

父母应该常常鼓励孩子说出自己的想法,不要以"小孩子不懂什么"为理由剥夺孩子表达自己的权利。如果孩子长时间得不到尊重,就会变得不自信,失去应有的创造力;或者会变得非常叛逆,无论什么事情都要进行狡辩,与父母关系恶化。父母在给孩子的建议应该为他留下一定的自由选择空间,让孩子感到配合父母的建议是快乐的、身心愉悦的,这样的话他合作的积极性就会提高。

别让孩子成为丧失自我的"物质小奴隶"

玲玲今年2岁了,长得粉雕玉琢,又漂亮又可爱,非常受大家的喜爱。这天,妈妈的同事带着小女儿到家里做客,妈妈拿玲玲的毛绒小熊给小姑娘玩。谁知道,玲玲一见,马上跑过来,一把抢过来,大声地喊:"这是我的!"妈妈又拿来玲玲早就丢在一边的小汽车给小客人,玲玲又抢了过去,紧紧抱在怀里,就是不松手,妈妈让她拿出来,她就放声大哭。妈妈觉得很丢脸,客人走了以后,妈妈狠狠地批评了玲玲。之后,妈妈又很担心,玲玲的占有欲这么强,以后怎么跟别人交往?

其实,玲玲的妈妈不用担心,玲玲的"占有欲"是这个时期孩子的正常表现。

这种"占有欲强"的现象在1岁前和3岁后的孩子中较为少见。因为一岁前的儿童,以个体活动为主,自我意识发展不够,还不能区分自己和客体的区别，可能会抢玩具，也可能会主动给别人。而3岁后的儿童，自我意识已有一定发展，能清楚地区别主体和客体的关系，而且头脑中已经有了"我的""你的""他的"概念，懂得玩别人的玩具需要借。

但是，儿童在1岁半到3岁期间有一个非常核心的任务，就是自我意识的建立。这期间儿童会非常积极的全副身心投入到自我意识的构建当中，这是儿童意识发展的一种本能。

这个阶段孩子的典型表现是占有欲很强，把"我""我的"挂在嘴边，时时刻刻都特别关注自己的物品的所属权，会跟别的小朋友争抢玩具，喜欢把属于自己的东西寸步不离地带在身边。

在该时期的儿童眼中，他周围的一切，凡是他所看见的，都是属于他的，他通过对物品专属的占有权，通过不断地宣示"我""我的"，建立起强烈的自我意识，通过对物品的占有，巩固自我认同并增强安全感。

在此期间，一旦有别人侵犯了属于他的东西，比如玩具等，他就一定要争抢回来，不达目的决不罢休，即使是价值微乎其微，甚至是他已经丢弃的玩具。这是因为，儿童在建构他的自我意识的过程中，已将"我的"物品视为他自身的一部分，当其他的小朋友触动到属于他的玩具，孩子将会感受到如同自身被侵犯般的痛苦。

从另一方面来说，孩子的占有欲强代表他自我认同感提升，这是个好现象。家长在遇到孩子独占、争抢东西时，不要简单地归咎为孩子自私自利，采取简单粗暴的教育方式，也不宜在孩子哭闹时马上满足，否则孩子会以为只要哭闹就能得到满足。要尊重孩子在这阶段的心理需求，帮助孩子成为一个自信、独立，且稍长后即懂得分享的人。

不要强迫孩子分享。这种做法将使孩子觉得连父母都想抢走他的东西，孩子在表面上不得已接受父母的做法，但是由于自我意识建立不完全，会促使他占有欲更强。家长要尊重孩子的自我意识，接受并善加引导。

承认孩子的所属权。家长应该给孩子明确的支持，比如带着孩子在室内走走，并告诉他，哪些是专属于他的东西。同时也要明确告诉孩子有些东西不属于他，不如可以先从身体开始，告诉孩子"这是妈妈的眼睛，不是宝宝的。"帮助宝宝早日建立所有权的概念。

培养孩子分享的好习惯。教导孩子学会分享，比如给家人买东西时每人一份，帮助孩子发现分享的快乐，减轻独占的心理。教会孩子交换、借与还的概念，比如拿苹果跟孩子换梨子。

树立榜样进行暗示。在别的孩子表现出分享行为时，要进行夸奖，鼓励孩子向他们学习，孩子肯定也不甘落后。也可以通过讲故事来暗示孩子，比如大方的小猫咪咪很受大家欢迎，小气的狐狸大家都不喜欢，没有朋友等。

当然，如果孩子在3岁以后依然不会分享，无论见到什么都说"这是我的""要！要！要！"，那么爸爸妈妈就需要关注一下孩子的心理问题了，因为占有欲过强的人极有可能发生心理病变。当孩子发生心理病变的时候，他会在爱和占有之间选择占有，这种不正常的占有欲会促使他们迫不及待地去抢夺自己想要的东西，然后用尽一切办法去保护自己抢到的东西。

其实这种病态的占有并不是孩子的本性，最初他们只是对物品好奇，但是如果好奇发展成了物质对他的吸引，那么他就会占有物质，就会变得贪婪自私，成为物质的奴隶。

因此，家长在面对孩子的"占有欲"问题时，首先要确定这是他成长过程中的正常现象还是他已经变成了对物质病态的追求。如果是前者，就要注意培养孩子的自我意识，同时慢慢引导他学会分享；如果是后者，就要学会转移孩子的注意力，帮助孩子培养更多的兴趣，分散他对物质无止境的需求。如果情况很严重，要主动寻求心理医生的帮助。

不要因为错误而全盘否定他

有一个5岁的小朋友，他习惯饭前不洗手，这个坏毛病怎么都改不过来。妈妈就批评他说："之前说多少次了你都不听，今天我一定要好好教训你一下，否则的话你以后就该翻天了。"这样一边说着，一边把儿子拉过来，在他屁股后面使劲地打了几下。这个小朋友边哭边说："妈妈，你小时候就没有做错事吗？"

当妈妈听了这句话，不由得愣住了，孩子说的并不是没有道理啊，不就是没洗手吗？别说是孩子了，大人又怎么能有十全十美的呢？

没有一个人从出生就是正确的，也不可能有人不犯错。所以在一个孩子成长的过程中，犯错是必然的生活体验，犯了错，父母要给予一些谅解和宽容。

每个孩子都曾在爸爸妈妈眼皮底下犯错。

1岁时：缠人，闹夜。

2岁时：不好好吃饭，咬人，抓人。

3岁时：乱拉屎尿，乱涂乱画，跟屁虫。

4岁时：捣蛋，恶作剧，不顺心就和大人对着干。

5岁时：撒谎，欺负比自己小的孩子，欺负小动物。

6岁时：乱跑，偷拿别人的东西，砸烂玻璃。

7岁时：贪玩，不爱学习，多动。

孩子小的时候，爸爸妈妈总是盼望着孩子能够快快长大，然而当孩子长大了之后，那些烦人的小毛病终于没有了，但是父母还会担心，怕他不好好学习，怕他沾染上各种各样的坏习气。可以这样说，一个孩子在任何年龄都有出现各种错误的可能，这简直是防不胜防。

当然了，一个孩子出现了错误固然是不好的，但是如果他从来没有出现过错误，从小就是个格外乖的宝宝，那会更让人忧心。孩子小的时候，该犯的错误没有机会犯，到了不该犯错的时候,却用幼稚的行为去"补课",那就得不偿失了。聪明的爸爸妈妈,当然希望孩子丢人都丢在最不懂事的时候。

所以,父母们千万不要苛求孩子不犯错误,正是在这些犯错误的过程中,一个孩子才可以得到成长。孩子可以在欺负别人或者是被别人欺负中,学会自我保护;在伤害小动物的过程中,明白怜悯和爱惜,这些,都是孩子可以从犯错中学到的宝贵品质。

错误能够带给孩子成长,这是有心理依据的,心理学家发现,人类的孩子和动物小的时候一样,要在游戏中训练攻击和防御,通过这样的方式来获得生存的能力。所以在孩子的成长过程中,他们需要一些犯错误的机会。

而那些一直受到贴身看护的孩子,那些得不到行为与情绪实践机会的孩子,他们长大了之后内心总有一些不踏实,有的时候甚至会以一种冲动的行为或者异样的举动来补偿那些小时候没有经历过的事情。也许有很多家长都会注意到这样的现象,小时候自己的孩子明明是一个懂事听话的乖宝宝,但是长大了之后却让人费心,整夜都在打游戏,不回家,别人说一句不中听的话就不高兴。出现这种现象的原因很简单,就是这些孩子在小的时候,根本就没有犯错误的机会,长大之后摆脱了父母的限制,就迫不及待地犯起错误来了。

一个孩子的成长经历就像是一盘录像,只有体验到了快乐、痛苦、悲伤、骄傲等这样的情绪,才会在心灵上留下痕迹,也才能够在以后的成长道路上倚靠这些痕迹更加健康快乐地成长下去，这就是孩子的一种"心理反刍"。曾经犯的错误也是这种体验之一，有存在的必要性。所以当孩子小的时候犯了一些小错误，他们会通过错误来确认与外界的关系，进而获得对错误的部分免疫，长大之后这些孩子再出现错误的概率就会少很多了。

孩子有尊严，尽量私下批评他

伟大的教育家洛克说："父母越不宣扬子女的过错，子女对自己的名誉就越看重，因而会更小心地维护别人对自己的好评。如果父母当众宣布他们的过失，使他们无地自容，他们就越会觉得自己的名誉已受到打击，维护自己名誉的心思也就越淡薄。"

每个孩子都是活生生的生命个体，他们不仅仅满足于被爱、被保护，更渴求得到尊重和理解。但是，总有些家长喜欢当众给孩子"揭短"，越是人多的时候，就越是要批评他：

妈妈和客人正在客厅聊天，倩倩拿着试卷走上前来。"又考那么低！看看这分数！还好意思拿到我面前，真丢人！"妈妈抖着哗哗作响的试卷，像在寻求客人的同情。客人略显尴尬。

看着倩倩没有动静，妈妈更加生气："我说错了吗？她一直都这样，我看是改不了了！我也不抱什么希望了！"妈妈气愤失望的表情让倩倩无地自容。

"孩子小，一两次考得不好是正常的情况，别这么说孩子。"

面对客人的劝解，妈妈仍然"不解恨"地说："小孩子不说她就不懂，非得我来骂她两句！"。

有的父母总是喜欢在众人面前批评自己的孩子，因为这可以让其他人在"无意中"看到自己做父母的"权威"，从而令自己"有面子"。但是，这种当众揭孩子的短的做法，虽然成全了父母的这种自私心理，却极大地损伤了孩子的尊严，让孩子觉得无地自容，脸上无光而羞于见人，反而刺激强化了孩子的弱点。

其实，孩子的面子比大人的面子更重要，而且孩子越大，自尊心就越强。而且，孩子每一个行为都是有原因的，也许这些原因在成人看来是微不足道的，但在孩子的眼里那是很严重的事情，不了解原因当众批评孩子，非但不能解决问题，反而会使问题变得更糟，令孩子产生逆反抵触情绪，继而与家长产生深深的隔阂。

一个教育专家在和家长谈论对孩子的教育问题。

妈妈带着孩子来找这位教育专家，见到之后，跟孩子讲："问叔叔好。"

孩子很懂礼貌地和这位专家问好。

妈妈接着就当着孩子的面问这位教育专家："您说，我的这个孩子怎么老是比别人反应慢呢？"

教育专家示意家长不要当着孩子问这样的问题，故意把话题岔开了，但是家长并没有意识到。

等到把孩子支走之后，教育专家对这位妈妈说："大姐，我跟你说实话啊，不要在孩子面前评论他。这样还能指望他变聪明吗？"

其实，有的父母也明白孩子的自尊心非常敏感，不能伤害。但是有时候看到孩子还是老样子，就忍不住怒火攻心，恶语相向了。怎样避免这种情况呢？很简单，当你觉得自己在气头上的时候，就忍住怒气，离开孩子。当你有意识地躲避孩子，就会少说很多令他伤心的话。这也是一个无可奈何的解决方法。

在家庭教育中，教育者的心态和教育的出发点直接影响着教育结果。因此，不要因为他是你的孩子，就蛮横地在众人面前使他的缺点一览无余，或是因为无法掩饰你愤怒的情绪，无辜地伤害孩子。孩子的自尊心有时是透明的玻璃物，碎了就很难黏合起来，伤害是永远的。爱孩子，就要真正地为他着想，停下嘴中的不满，尤其在众人面前。即使孩子在众人面前犯了错误，父母也要先维护住孩子的"面子"，等到没有人的时候，再私下里心平气和地指出孩子错误的行为。这既保全了孩子的自尊，也会让孩子更容易认识到自己的错误，接受父母的批评。

尝试理解孩子的情绪

有这样一个触目惊心的悲剧，它就发生在我们的身边，身为父母，不得不引以为鉴：

一天晚上，一位中学女生刚刚回到家里，就遭到怒不可遏的父亲的一顿训斥。原因是父亲在女儿房间中偷看到一位男生写给女儿的信，还有女儿的日记。女儿得知父亲的这种做法后便指出父亲的做法是违法的，没想到，父亲狠狠地打了女儿一记耳光。第二天，他们发现女儿失踪了。直到3天后，父亲才在离家几十千米外的河道找到了女儿的尸体。

每个孩子都有自己的想法，他们非常渴望父母的理解。试问一下，有多少父母试图理解过他们呢？

刚刚过完4岁生日的查尔最近总是闹脾气，不管什么事总喜欢和父母作对，这在他的父母看来有些不可理喻。

查尔的妈妈每次总是耐心地跟他讲道理，可查尔就是摇头，根本没把妈妈的话当回事。

周末，本来按照计划他们准备出去郊游。可查尔就是不去，妈妈生气地问："你到底想干什么？你说啊！"查尔有些小声地回答："我想去我们上次路过的那个湖边玩，我喜欢那里。"爸爸回答说："嗯，好主意啊，那个地方的确不错！查尔，你的建议真好啊！"

查尔的想法得到了肯定，他高兴地跳了起来，赶紧跑进屋收拾自己的东西……整整一天，查尔玩得特别开心，没有闹脾气。

回去的时候，查尔的爸妈意识到查尔已经长大了，他开始有自己的想法了，他不再是那个任人摆布的小家伙了。

从此，他们开始尝试倾听查尔的想法，尝试理解查尔的各种举动背后的含义。他们惊喜地发现查尔还是那个懂事的孩子。

查尔的故事说明，理解孩子不比尊重孩子容易。理解孩子，就要从孩子的角度考虑问题，不同年龄阶段的孩子有不同的特点，这就要求家长更加细心、更好地观察孩子，把握孩子成长的特点。

对感受要宽容，对行为要严格

小孩子是无法克制自己的感受的，比如面对未知的事情的时候，充满恐惧；面对糟糕的事情的时候，满心的绝望。作为父母，这时候怎么办呢？

小勇今年刚上初一，以前都是住在家里的，现在由于学校要求进行封闭式管理，不得不住到学校。想到这里，他的心里很是害怕。

开学第一天，小勇就对妈妈说："妈妈，我心里有些害怕。"

"怕什么呢？男子汉不要怕！"小勇的妈妈有些不高兴地说道。

"学校住的地方晚上有灯吧！"小勇继续问道。

"有！你这孩子，真是的，这点事都怕，不要怕，听见了没有？"小勇的妈妈生气地呵斥道。

小勇感觉到妈妈似乎有些生气，就再也不说话了。而且，慢慢地在学校里遇到一些事情，也不再愿意跟妈妈说了，担心妈妈又说他胆小怕事，不勇敢。

面对自己从未经历过的事情，每个人都会有一丝害怕，这种感受是很正常的。可是，小勇的妈妈不仅不体谅他的感受，还指责孩子不勇敢，这导致了孩子后来有事情不愿意跟自己的妈妈分享。

试想一下，如果小勇的妈妈能宽容点对待孩子的这种感受，体谅一下他的害怕，孩子会感到妈妈的可亲，自然也不会疏远妈妈。

我们都喜欢和那些能够站在我们的角度，体谅我们感受的人做朋友。孩子何尝不是呢？

可是，对孩子的行为却不能纵容，需要严格要求的时候，必须严格。孩子的自制力等能力还在培养中，只有父母严格要求才有助于孩子养成良好的习惯。

丽丽今年5岁了，每天放学回家后的第一件事情就是放下书包，坐到电视机前，然后一直看到睡觉。丽丽的妈妈觉得这样不仅影响孩子的学习，也会伤害到孩子的眼睛。

"丽丽，把电视关了。"丽丽的妈妈每次都这样喊叫，可丽丽仍是无动于衷。气急败坏的丽丽妈妈就自己动手把电视关了。可是不一会儿，丽丽又把电视打开了。这让丽丽的妈妈很是无奈。

久而久之，丽丽的妈妈对此实在是没有办法了，只好放弃了，任由丽丽放学回家后一个劲儿地看电视。

直到丽丽的爸爸有一次严厉地教训了丽丽一顿，丽丽这种坏习惯才有所收敛。但是丽丽很长一段时间都因为爸爸的教训闷闷不乐，不敢跟爸爸说话。

丽丽不加限制地看电视的行为，的确是很不好的，作为妈妈严格限制也是没有错的，可是，丽丽的妈妈却没有收到效果，这是为什么呢？主要原因就是丽丽妈妈的方法错了。

在我们严格要求孩子的行为的同时，一定要注意我们的方法。父母对孩子的行为严格要求，但不一定要采取严厉说辞。相反，要尽可能地采取温和的说辞，给孩子留一些主动性，以防激起孩子的逆反心理。

因此，在这里，我们给父母一些建议：针对孩子的不当行为，首先要理解孩子做出这种行为的心理原因，也就是首先搞清楚孩子是怎么想的。不过，不管孩子的想法是正确的还是错误的、是可以原谅的还是不可以原谅的，都不要去指责孩子，而要尽力去理解孩子的心理。

其次，针对孩子的心理，好好引导，在此基础上严格要求孩子的行为。

总之，父母在看待孩子的感受和行为时要区别对待，孩子还只是孩子，如果在教育孩子的过程中没有让孩子从心理上接受父母的教育，那可以说是白费力气了。

如何让孩子主动不挑食

曾经在一家报纸上出现了一个令人啼笑皆非的新闻：在一个小区里，举办了一个如何让孩子爱上吃饭的交流大会，参加大会的父母都表示，自己的孩子很长一段时间都挑食厌食，让他们很是头疼。

相信很多父母都曾经为这些头疼：孩子总是不爱吃饭，还挑食厌食，长此下去，孩子的营养肯定跟不上，会严重影响孩子的身体发育和健康。为此，父母也想过种种办法，比如分散孩子的注意力，让他不知不觉就吃了一口饭；提高自己的厨艺，做孩子喜欢吃的饭菜；根据医生的建议，给不爱吃饭的孩子另外增加营养，等等。可是都收效甚微。

怎样让孩子不挑食呢？我们可以借鉴"潜能教育之父"老威特的教子之道。

老威特认为孩子养成不良的饮食习惯，责任完全在父母。孩子挑食、厌食、贪吃等多种毛病都只是在父母的溺爱和纵容下任性自私的表现。然而不少父母在生活中不但没有丝毫悔悟，仍一味地满足孩子不合理的饮食要求，或者通过诱骗让孩子吃有营养的东西。事实上，只要改变了孩子对食物的观念，就能改变孩子不良的饮食习惯。

因此，与其花费大的力气去讨好孩子的胃口，不如从根本上帮孩子树立一个正确的食物观念,让孩子主动不挑食。当然,在此之前,我们首先要搞清楚的是,孩子的挑食厌食,是不是由于生病的原因。

父母要给孩子树立的第一个观念就是"粒粒皆辛苦"。当孩子了解到食物来之不易的时候,他们就会学着去珍惜食物,不再挑三拣四。

乐乐是一个小学二年级的学生,吃饭总是挑三拣四的,妈妈对此很无奈。有一次,妈妈带乐乐回了一趟农村的爷爷奶奶家,让乐乐亲自体会了一下劳动的艰辛,乐乐懂了食物的来之不易,慢慢地吃饭的时候再也不挑三拣四了。

当然,不是每个孩子都有乐乐这样的机会去亲自体验食物的来之不易。作为父母,也可以通过画画等方式,让孩子看看植物开花、结果、慢慢长大的过程,来让孩子感受到食物的来之不易。

父母可以用一些简单易懂的方式让孩子了解一下营养学知识。方法一定是孩子们容易接受的,不能是长篇大论的。比如,可以通过一个小故事来说明不吃饭、挑食的坏处。

小明出生在一个生活富足的家庭里,父母从小明很小的时候就注意小明饮食的营养问题,可是,等到孩子稍微长大一点,出现了一个让他们很担忧的情况,那就是小明吃饭的时候只喜欢吃肉,不喜欢吃蔬菜。为此小明的妈妈经常给小明讲:要多吃蔬菜,不能只吃肉,不然营养不均衡,很容易导致身体出现问题。

可是小明对此就是充耳不闻。

有一天，小明的妈妈在杂志上看到了一个很胖的小孩，便拿给小明看。

"小明，猜猜这个孩子怎么会变成这个样子呢？"

"嗯，他吃得太多了吧。"

"猜对了一半。"

"那另一半呢？"

"另一半就是这个孩子跟我们小明一样，从来只爱吃肉，不吃蔬菜。"

小明吃惊地望着妈妈。

"真的吗？"

"真的。"

然后小明低下了头，不说话了。等到再次吃饭的时候，妈妈就发现小明把筷子伸向了放蔬菜的盘子里。

此外，要给孩子少吃零食，孩子零食吃多了，会扰乱孩子正常的饮食规律，导致他在正餐时间拒绝吃饭。杜绝孩子吃零食和适当采用饥饿疗法，都有助于纠正孩子不爱吃饭的习惯。

孩子的饮食健康是孩子身体健康的保证，很多父母对此都是十分在意，但是切记不要太过紧张。除了加强孩子尊重粮食的意识和营养的均衡之外，妈妈也需要"宠辱不惊"。不管孩子爱吃什么、不爱吃什么，都不要大惊小怪，因为这样只会让孩子觉得，吃东西是为了讨欢心，或者是为了发脾气，这就背离了饮食的本意了。

总之，在孩子成长的过程中，有一段时间出现挑食厌食是很正常的一种现象，父母对此无须太紧张，当然也不可置之不理，只要父母耐心引导，孩子是会改掉挑食厌食的毛病的。

绝情的话千万不能说

我们总是很容易在生气的时候说一些绝情的话，虽然事后感觉很后悔，可是无奈话已出口，即使道歉，说这并不是自己的真心话，也总是难免给听话的人心里留下阴影。

父母在教育孩子的过程中，也有可能出现这种现象，一时生气，脱口而出，对孩子说一些类似于"滚出这个家"等伤害孩子心灵的话，而大多数的时候，父母也不会因此去向孩子道歉，于是就给孩子留下了可怕的阴影，造成了不少悲剧。

期末成绩出来了，晓红这学期成绩下降了很多，妈妈很生气，狠狠地对她说："你还好意思拿着成绩单回来啊！叫你少看点电视你不听，现在成绩这么差，你好受了吧？"

"我又不是故意考不好的，我是……"

"你当然不是故意的啊，你就是现在不认真学习，才考得差的，别找什么借口了！"孩子话还在嘴边，妈妈就打断了她的话。

"你就是从来都不相信我，故意误解我的意思，你就是对我不好！"

"你说什么？你这孩子怎么这样了？我让你吃好的穿好的，花那么多钱供你上学，你居然说我对你不好，你还有没有良心啊？"

"本来就是，你从来都不关心我心里想什么，总是这样骂我，谁家的妈妈这样啊？"

"好啊，那你去找别的妈妈啊，你滚吧，想去哪里就去哪里，快点滚！"

晓红生气极了，当真跑了出去，在街头流浪了两天，直到爸爸妈妈找到她，把她带回家。

生活中，孩子离家出走的事件屡有发生。许多情况下，孩子是被父母的话逼出家门的。"你滚吧，想去哪里去哪里"这句气话有惊人的杀伤力，往往把孩子逼出家门，而且在心里留下永久的伤痕。

其实，当家长说出这句最后通牒式的话来，无非是想逼迫孩子就范，或者是想以它来结束这场口舌之争，并没有把话当真，甚至事后会非常后悔自己说出了这样的话。然而这会让孩子认为家长一点也不在乎自己，随随便便让自己走就是因为自己一点也不重要，所以，不少任性要强的孩子，因为忍受不了家长的嘲弄而离家出走。他们当然不想离家出走，可一旦就此低头，便会显出自己的软弱，就这样屈辱地留在家里，还有什么自尊可言？所以，他当然要逞一回英雄，就这样真的离家出走了。就算孩子没有出走，也会在心里一直记得这个伤痛。

有一次，聪聪妈正在和孩子说说笑笑，两个人你一言我一句，一边说一边笑。聪聪妈说到兴头上，来了句："我的乖宝宝啊，你怎么一下子长这么大啊，你要还是个小娃该多好玩啊。要不妈妈拿你去换个小娃娃吧。"这么说不要紧，没想到聪聪听了之后，睁大了惊恐的眼睛看妈妈，接着就开始哇哇大哭起来，眼泪就像开闸的水一样涌出来，一发不可收拾。聪聪妈这才意识到问题严重了。本来嘛，自己说把孩子换出去，在孩子看来就是妈妈不喜欢他呀。

总之，绝情的话不能说，不管是生气还是开玩笑，这会让孩子感受到深深的伤害，而且也不能解决任何实际的问题。

主动认错的孩子不批评

我们常说"能认识到自己的错误的就是好孩子"，其实，让犯错的孩子认识到自己的错误，主动认错，是最好的一种教育方式。因为，只要孩子主动认错，一般都会真心实意地去改正。因此，只要孩子主动认错，父母也就不需要再去批评孩子。

怎么引导孩子，让他认识自己的错误，进而主动承认自己的错误呢？看看下面一位妈妈的教养心得吧：

浩浩今年4岁了，他喜欢一边洗澡一边玩水。这次，他又在洗澡的时候找妈妈要杯子。妈妈把杯子递给了浩浩,提醒他一句:"你要快点洗澡呀,《亮剑》马上就要开始了,加快速度吧。"一听说看《亮剑》,浩浩马上爽快地答应妈妈:"好的,我今天不玩了。"说罢,他就把杯子扔到了澡盆外面的地方,只听"咣当"一声,杯子撞击地面的声音格外刺耳。

妈妈当然对浩浩这样的做法很不满意,她真想把浩浩狠狠地揍一顿,但怎么能这么粗鲁呢?妈妈想了一下,换了一种方式。

妈妈说道:"哎呀,你看,杯子怎么哭了啊?它摔得那么重,一定很疼吧。你说杯子是不是不高兴了,以后就不理我们了呀?"

浩浩正在水里扑腾,听妈妈这样一说,脸色马上就沉重下来,他说:"妈妈,我们向杯子说对不起可以吗?它能原谅我吗?"

其实,妈妈听到浩浩说这些话,心里已经很高兴了。但是,她不想让孩子的道歉成为一句空话,应该让他知道他犯下错误所造成的后果。

于是,妈妈说道:"它还没有原谅你呢,它还在哭呢。虽然你现在跟它道歉了,但是它刚刚摔得很疼,它还很伤心,没有办法原谅你啊。"

浩浩眨着眼睛问道:"为什么还不原谅啊?"

妈妈说道:"你刚才摔疼了它,虽然你跟它道歉了,但是它的疼痛感并没有消失,它怎么能原谅你呢?你想想看,如果是妈妈摔了你,给你道歉,你就不疼了吗?"

浩浩听了之后,脑袋摇得像个拨浪鼓一样。

"那你今后还摔杯子吗?"妈妈赶快趁热打铁地问。

"不摔了。"浩浩干脆利落地说道。

"嗯,这就对了,妈妈就知道你以后不会再摔了。好吧,现在你继续洗澡吧。"

浩浩拾起杯子递给妈妈:"把杯子放好吧,我以后再也不摔了。"

妈妈很高兴,说道:"嗯,刚才杯子跟我说过了,它已经原谅你了。"小家伙很轻松地笑了。

这位妈妈的做法很值得提倡,孩子自己知道错了,并且能够主动认错,这是最好的结果。那么,究竟要怎样才能让孩子从心底认识到自己的错误,并且真心实意地改正呢?

1. 给孩子知错的机会

当孩子犯错误的时候,家长先不要怒斥孩子的错误行为,而是要先心平气和地说出自己的感受,这样,孩子就可以从家长的话中,认识到自己所犯的错误对他人造成的影响,从而心甘情愿地主动认错。所以说,孩子不知道认错,其实大多数时候是家长没有给他们机会。

2. 教孩子知错认错的方法

有些家长可能会有类似疑问:孩子明明知道自己错了,但是嘴上就是不肯说出来,这是怎么回事呢?其实,这是件很正常的事情,因为认错也是需要勇气的,而且也是伤面子的事情。如果孩子因为爱面子不肯认错,说明他是一个自尊心非常强的孩子。

另外，有些孩子不肯认错，是担心认错以后，家长不再爱他了，遇到这样的孩子，家长不妨试着告诉孩子，只要知错能改，大家都是喜欢他的。总之要让孩子明白，认错并不是一件很丢人的事情，相反，知错能改是一种可贵的品格。

3.通过换位思考的方法，让孩子知道犯错所造成的后果

孩子由于年龄小，缺乏判断力，不知道他的错误会给别人带来很多伤害，所以家长有必要将错误的结果告诉孩子，让孩子想办法弥补自己的过错，并对自己所犯的错误承担责任。只有这样，孩子嘴里的"下次再也不犯了"才会成为事实，因为他已经感受到因为他的不小心，会给别人造成伤害。

犯错并不可怕，相反，孩子正是在错误中不断成长的，如果把错误看成是正确的铺垫，那么家长有责任让孩子知错并认错，因为只有知错的孩子才会去改正，有了改正的决心才不会再犯同样的错误。

孩子说谎，找原因胜过责骂

诚实就像一件漂亮的衣服，对于孩子的成长而言，这件漂亮的衣服不是一件装饰品，而是一件必需品。那些拥有这件漂亮衣服的孩子，会交到更多的朋友，会得到更多的肯定和爱。可是，总有一些孩子调皮捣蛋，忘记了穿这些漂亮衣服。

那这时候，作为父母应该怎么办呢？

是大声地呵斥，以此警示要是再犯就挨揍，还是耐心教导，仔细分析孩子说谎的原因，告诉他说谎的坏处，让他不要再犯？有不少父母都不自觉地选择了前者，因为，他们知道孩子撒谎后的第一个反应就是生气，生气几乎掩盖住了理智。

一个母亲就曾讲过这样一个故事：

"一个月前，女儿去张同学家玩，回来的时候把同学的小卡片拿来了，我发现后鼓励女儿还给同学，并要求她向人家承认错误，还告诉她别人的东西再好也不可以拿，如果喜欢可以和爸爸妈妈商量，等等，女儿答应了。

"我以为事情就这样结束了，没想到后来和女儿的另一个佟同学的妈妈通电话，她告诉我说女儿那次和张同学说是佟把她的卡片拿回了家，她帮助人家还回来。

"我听了以后很惊讶，真不敢相信小小的女儿变得这么'复杂'，竟然可以用一个谎言掩盖自己的错误，难过、生气、慌乱，许多的感觉交织在一起。

"晚上回家后我问女儿那天是怎么和同学说的，她似乎意识到了自己的谎言被揭穿了，有点不安，但并没有说出真话，只说自己忘了。

"我也实在没有耐心再听她继续撒谎了，就开始大声地训斥她，并且要求她明天分别向两个好朋友道歉。可是女儿却哭着跑开了。

"第二天早晨火气消了以后，我问女儿为什么要说谎，她说因为怕同学笑话她,所以才那么说。

"我理解她的心情,因为女儿的自尊心比较强、爱面子,可是我告诉她,做错事就要勇敢地承担责任,否则这是一个比前一个错误还要严重的错误。女儿点了点头,说自己知道错了,以后再也不撒谎了。"

仔细想想,父母的生气并非没有理由:辛辛苦苦养大的孩子怎么转眼间就变成了一个说谎精,平日里品德教育的作用都去哪里了?可是,生气归生气,生气之后应该冷静下来,找找孩子说谎的原因。要知道,只有对症下药,才可能让孩子真正改掉说谎的习惯。

需要注意的是,不少父母总觉得撒谎是一个不可饶恕的错误,撒谎的孩子一定是品行出了问题。其实,仔细分析孩子说谎的原因,就知道这种说法有些小题大做了。孩子撒谎固然不好,但是并非孩子的所有错误都与"品德不端"有关。许多时候,孩子犯错的最初原因可能在家长身上,也可能是无意中模仿大人的不实之词,或出于自我保护的本能,或为了迎合家长的过高期望,满足某种虚荣心。孩子犯错,作为家长要正确理解并加以引导,根据不同情况客观分析,对他进行正确的教育引导,即使孩子犯了错,只要说了真话,就应肯定他的表现,并引导他不断完善自己。

此外,父母在找到孩子说谎的原因后,就要反思一下自己的教育,比如说有些孩子因为害怕惩罚而撒谎,那父母就应该反思自己平时是不是太严厉了,所以才导致了孩子撒谎。

调整好你对孩子的"期望值"

"期望值"也叫期望概率,是指一个人对实现某一目标概率的估计。一个目标确定可以实现时,期望概率为最大值 1;一个目标绝对实现不了时,期望概率为最小值 0。可见,期望值是人们对实现目标可能性的一种主观估计,这主要依据的是过去的经验。因此,若想获得相对可靠的期望值,需要对过去的经验有一个清醒而客观的认识。对于父母来说,对孩子的期望值就需建立在对孩子客观准确认识的基础上,对孩子的期望值不能过高,过高会给孩子过大的压力,让孩子觉得目标遥不可及,打击孩子的积极性;相反,过低的期望值则会让孩子产生懈怠。

上小学五年级的芳芳放学后兴高采烈地回到家,告诉妈妈:"妈妈,我这次语文考了 98 分,全班第一名呢!"说着,芳芳就拿出自己的试卷递给妈妈看。可是,妈妈听到女儿的话后并没有表现出高兴的神情,接过试卷看了一下,然后说道:"瞧瞧你,不过就是一次小测验而已,值得这么大惊小怪的吗?"

"妈妈,你之前说,我考了第一名就带我去海底世界玩的,咱们这个周末去吧!"芳芳满怀期待地看着妈妈。

"你这孩子,我和你爸爸说的可是你期末考试考了第一名才带你去的,而不是小测验啊。"

听了妈妈的话,芳芳的眼神暗淡了下去。芳芳平时考试都徘徊在前 10 名左右，这次好不容易考了第一名，却换来妈妈的一顿冷嘲热讽。而妈妈制定的期末考试第一名的目标，对于芳芳来说基本上是一个难以企及的目标。

她从妈妈手里拿过试卷，默默地回到了自己的房间。

每一个父母都希望自己的孩子取得好成绩，但是，我们对孩子的期望应该合理，给孩子制定的学习目标应该是在他能力范围内能够达到的。否则，过高的期望值会打击孩子的积极性，让孩子产生挫败感。

有心理学家曾做过这样一个有趣的实验：他将一群学生随机分为两组，让他们摘悬在空中的苹果。但是两个小组苹果悬挂的高度各不相同，第一小组的苹果挂得相对较高，即使他们跳起来也难以够到；第二小组的苹果挂得不是很高，只要他们跳起来就能够摘到，但在后面，苹果的高度会逐渐地提高。

心理学家认为，在这个实验里，苹果对于两组学生的诱惑力是相同的。

实验刚开始的时候，两组学生都十分兴奋，不断地跳跃去摘苹果，但由于第一组的苹果挂得太高，他们根本就摘不到，而第二组的学生不仅摘到了苹果，而且他们的跳跃能力也有了一定的提升。

之后，心理学家又让两组学生摘相同高度的苹果，结果令人吃惊：第一小组的学生都表现得懒洋洋的，他们当中的许多人都是走过场似的应付一下；第二组的学生则表现得充满活力，他们不断地跳跃，跳跃的平均高度明显高于第一组。

心理学家由此得出结论：当我们在制定目标时，这个目标最好是在我们"跳一跳"就能达到的高度；不顾自身条件，把目标定得过高，反而会挫伤我们的积极性，对目标的实现极为不利。

这个实验启示我们，对孩子的期望值也要合理，在给孩子制定学习目标的时候既不能过高，也不能过低，制定一个他们"跳起来"能够够得着的目标最好。这样，孩子学习的时候也有动力。

生活中，很多父母之所以对孩子提出不合理的期望，主要是因为对孩子过去的经验不太了解，或了解得不够到位。"如果你了解了过去的我，就会原谅现在的我"，这句话也适合那些不了解自己孩子的父母，如果你真正地了解了你的孩子，根据孩子过去的经验和现状，你就会对孩子提出合理的期望。

如果家长对孩子的期望值超过了孩子身心发展的内在规律，就会严重影响孩子的性格、社会适应能力的发展以及身心健康。在高期望值的驱使下，家长评价孩子好坏的标准会严重失衡。很多家长对孩子在学习方面的期望值远远超过了孩子的承受能力，这十分不利于孩子的健康成长。在学习方面，父母要根据孩子既往的成绩对孩子提出合理的期望值，我们不能要求一个平时考20名左右的孩子在一学期之后考进前三名。只有设立合理的期望值，才有利于孩子的健康成长。

第八章

建立平等关系，通过分担责任来调动孩子的内在能动性

小成员也有权参与家庭讨论

有的孩子由于被家人过度宠爱,无论想要什么东西,家长都会设法满足。看见别人家的东西好看就想要,分不清什么东西是自家的,什么东西是别人的。到了其他人家,仍然想要什么就要什么,得不到就哭闹。出现这种情况是由于小孩家庭观念教育的缺失。而小孩家庭观念的缺失,家长有着不可推卸的责任。

很多家长考虑到孩子年龄还小,尚不懂事,不能想出什么有用的解决家庭事务的办法,想当然地觉得家庭里的事务跟孩子没有关系,孩子不需要参与家庭讨论。殊不知,孩子虽然没有独立解决事务的能力,但正是家庭讨论促进了孩子这方面能力的发展。培养孩子参加家庭事务,把孩子当成小主人,久而久之,孩子不但自己的事情会自己做,而且家里的事情,也会积极参与,还会自觉地认为家里的事也是自己的事,自己也要为家里的事操心,如果形成习惯,家长也就不用为孩子的学习费心了。

一位育儿经验丰富的妈妈曾经在孩子的家长会上给家长们传授教育经验:

"我们十分注重培养孩子的家庭观念,当女儿能听懂我们说的话后,我们就一遍遍耐心地给她讲解什么是家庭,什么东西是家里的,什么东西是别人家的,家里的东西应该怎样对待,别人家的东西又应该怎样对待。通过这样的讲解,女儿似乎对家庭的观念有所意识。

"有一次女儿生病了,我抱着女儿到校医务室去打针,当时孩子只有八九个月大,还只能说一个个的单字。打针的时候,女儿因为害怕哭了,但是打完针后,即将离开时,女儿突然指着桌子喊电,我很纳闷,便顺着女儿手指的方向看,才发现原来手电筒忘记了拿走。同样还有一次,有一年春节我和妻子带着女儿回我父母那里过年,三更半夜下火车后,妻子忘了穿大衣就下了火车。我们当时已经走了一段路了,女儿突然想起妈妈的大衣还在火车上,就拼命往火车上跑。当时我一愣神,半天才回过神来有危险,这样突然跑过去的话,万一火车开动了怎么办,于是我也扔下东西就去追女儿。当我跑到车门口时,女儿已经从火车上拿着大衣挤下来了,当时女儿才八岁。"

这说明女儿八岁时便有了主人翁的意识,开始懂得不仅要为自己的事操心,还要为父母的事操心,从小便养成了责任意识和主动精神。下车后,大人们都忘记了自己的事,而女儿却在想东西拿全了没有,有没有丢掉东西,正是因为这样,女儿才能发现妈妈的大衣忘在了火车上。

把孩子培养成小主人,就是培养孩子的责任感。孩子有了责任感,就有了责任意识和主动精神。这样孩子不论什么事都会自己动脑筋考虑，也会为父母和家庭着想。现在许多家庭为孩子的学习发愁，要陪着孩子学习，陪着孩子写作业。其实之所以出现这种情况，就是父母没把孩子当成小主人，而是把孩子当成什么事都不懂的孩子。既然父母觉得孩子什么都不懂，什么都得父母来管，都得父母来操心，孩子当然不会去想什么。久而久之，孩子不仅不会有责任感，连脑筋都会懒得动，自己的什么事，自己都不会去想。

　　不少人抱怨孩子长不大，已经二十多岁的成年人了，什么事都不管，什么事都不考虑，什么事都得父母管，都得父母来操心。其实之所以出现这种现象，主要是教育不当的责任。现在许多孩子是独生子女，父母有充足的时间来管孩子，而且管得太多，管得太细，有的孩子不但父母亲管，爷爷奶奶外公外婆也管，这么多人管着，而且都要求按大人的意愿去办，孩子当然不愿意自己考虑，也没法自己考虑，因为更多时候自己考虑了不管用，说了也不算。因此，就养成了孩子不仅不当家，也不闻不问家里的事情，教育成了典型的王子公主，衣来伸手饭来张口，缺什么就向家里要什么，根本不考虑家里的情况，也不知道家里的情况。这样的孩子，不仅没有责任感，也不会知道自己将来要干什么，父母需要他干什么。孩子属于家庭里的一员，让孩子在享受家庭权利的同时也适当分担一点家庭义务，这既是对孩子的尊重，也是对孩子成长的帮助。妈妈们应当维护小成员参与家庭讨论的权利。

给孩子一个可以打破的碗

孩子小的时候好动，拿东西拿不稳，不能掌握轻重程度，于是许多家庭害怕孩子吃饭时打破碗，便给孩子预备一个打不破的专用碗使用。然而有个妈妈却反其道而行之，给孩子一个可以打破的碗。

丝丝一直没有固定的碗，每次吃饭都和大人使用一样的瓷碗。丝丝在2岁的时候，有一次吃饭，不小心把碗掉在了地上，"砰"的一声打破了。丝丝第一次打碎碗，看见满地的碎片十分惊恐，"哇"的一声哭了。当孩子看到自己因为不小心把完好无缺的碗变得粉碎，心中肯定充满了不安和自责。于是妈妈安慰丝丝说："没关系，我们一起收拾碎片，一起想办法以后怎么才能不让碗打破。"丝丝跟妈妈一起清扫了碎片后，妈妈又给丝丝拿了一个碗，丝丝非常开心，十分小心地把碗放到桌子上，还用手护着碗不让它掉下去。从那以后，丝丝就很少打破碗了。

孩子第一次打破碗时都十分害怕，因为孩子不是故意的。由于他们的小手还不太灵活，没拿稳才把碗打破了。当他们打破一次碗后，就会小心翼翼想办法不再把碗摔破。倘若大人因为孩子打破了一只碗就不再信任小孩，不给他们使用瓷碗，那么孩子会感受到大人对他的不信任，他们会觉得自己只会给爸爸妈妈添乱，损坏爸爸妈妈的东西，自己什么事也做不好。孩子世界观还未发展成熟，会从爸爸妈妈的行为和对自己的评价那里定位自己，久而久之，孩子就会因为这种不被信任的感觉怀疑自己，变得不自信。那些平时用不锈钢碗或者是塑料碗的孩子很容易打碎碗，因为他们的家长不信任他们，没有给他们用过瓷碗，令他们没有"陶瓷易碎"的经验。

给孩子一个可以打破的碗，不仅仅是锻炼孩子的肢体动作，更重要的是让孩子得到家长的信任，变得有自信。不过，家长的信任不是盲目给的，当孩子做某些可以预见可能产生危险后果的事情时，家长一定要事先检查，排除可能伤害到孩子的隐患，尽可能避免危险发生。比如让3岁的孩子收碗，一定要保证地面不潮湿，孩子的鞋是防滑的，挪开周围的障碍物，以防孩子摔倒撞伤。孩子有着巨大的潜力，事实证明，很多事情孩子能够做到，只是家长不相信孩子，没有给孩子足够的机会。

妈妈都希望自己的孩子自信阳光，但是却在不经意间流露出对孩子的不信任。自己都对孩子不信任，怎么让孩子充满自信呢。孩子能够感觉到妈妈对自己是否信任的感觉。

一次，丝丝在草地上画画，丹丹拉着外婆的手，好奇地围拢过来，丹丹外婆夸丝丝是个聪明的孩子，"看，画得多好啊，丝丝长大以后要当画家吗？"丝丝开心地说："我要做画家，丹丹要做什么呀？"丹丹说："我要做歌手。"丹丹的外婆说："她能做什么歌手啊！唱歌唱得不好，还胆小，在不熟悉的人面前胆小得不得了。不像丝丝，画画得这么好，唱歌也不错，还那么大方！"

丝丝和丹丹顿时愣了，尤其是丹丹，听外婆这么说，脸上的笑容不见了，站在旁边发呆。

让孩子做一些能让孩子觉得有价值的事情，不要刻意保护。这怕那怕，会硬生生地夺掉了孩子宝贵的学习机会，会让孩子否定自我。家长没有让孩子试试，怎么知道孩子不能当歌手呢。如果家长对孩子多一点信任，多一份鼓励，少一点打击和否定，也许孩子长大以后真能向他们的想法发展呢？

孩子的自信是建立在独立做好一件事情后获得的成就感的基础上的，倘若天天把"你真棒"挂在嘴上，却不让孩子真正独立完成一件事，孩子的自信还是建立不起来。家长要放手让孩子去做，不是口头夸奖，让孩子去做他感兴趣的事情，哪怕这件事情看起来让孩子不能完成。如果担心孩子的安全，那么家长要做的是给孩子创造一个安全的环境，让他能够在一个安全的环境下独立做事，而不是阻挠孩子。

独立意识从娃娃抓起

有两位妈妈带孩子去放风筝，女孩用力一扯，风筝破了，男孩很生气，一巴掌就扫过去，女孩立刻哭了。这时，男孩的妈妈脸色一变，就像触电一样从座位上弹起来，女孩的妈妈连忙把她拉住。男孩的妈妈急得脱口而出："你真残忍！"女孩的妈妈却笑着说："你才残忍！"

男孩的妈妈说："你眼看着孩子被打，哭了，身为母亲，不去呵护，还阻止我去干预，这不是很残忍吗？"女孩的妈妈却说："孩子争吵算什么？被打一下，也没受伤，为什么不让他们去自己解决呢？"

两位妈妈这时望向孩子，只见他们一同跑过来，说："妈妈，风筝破了，你能把它修好吗？"

女孩的妈妈认为孩子们在一起，争争吵吵是家常便饭，他们很快就会自己解决。孩子们在这种争争吵吵、哭哭笑笑的历练中会不断成长，学会处事和做人。"爱孩子"就要从小培养孩子的独立意识，孩子将来会遇到各种各样的困难，父母不能时时刻刻陪伴在孩子身边，帮孩子解决所有的问题。所以从一开始就应提供机会让孩子学习与人相处及解决问题的能力，使他以后能独立生活，凡事不依赖他人，长大了才能学会面对困难，解决困难。相反，对孩子太多干预，替他安排一切，帮他解决一切难题，这样一来，孩子失去了学习的机会，将来怎能做事，怎能生活呢？

莉莉的出生给爸爸妈妈带来了无限欢喜，爸爸妈妈接近四十岁才生了莉莉，所以他们对莉莉千般宠爱、万般呵护。妈妈四处向专家咨询，给莉莉精心制定了营养的三餐；对每一件给莉莉买的衣服或是玩具都细心检查，生怕质量不过关影响孩子的健康；莉莉上的是最好的双语幼儿园；为了莉莉有更多的时间来学习，妈妈不让她做任何家务活,书包也是妈妈帮忙背。总之,妈妈帮莉莉安排好了生活和学习的一切。但是娇生惯养的莉莉并没有比其他孩子出色很多,在学校时总有些畏畏缩缩,体育课上要跳高,她被吓得大哭;老师让她起来回答问题,她总是害羞得说不出话。家里的娇小姐在学校慢慢地逊色下来,也慢慢和同学们的距离越来越远。

爱孩子是每个妈妈的本能。不少妈妈对孩子百般呵护,她们都是"慈母"。然而,这样的"慈母"很可能是残忍的母亲。妈妈替孩子做了自己本来可以做的事,实际上是剥夺了孩子自己的亲身体验,剥夺了孩子提高能力的机会,也剥夺了孩子自信心的建立。如果把磨难和体验全部省略了,一切都替他包办,看上去是顺利了,是舒适了,结果却使他软弱而闭塞,胆怯而无能。

生活能力低下,缺乏正常的与人交往、克服困难的能力,成了时下许多孩子,尤其是独生子女的共性问题。而这一切,就归咎于父母长期包办了孩子的日常生活,不肯放手让孩子锻炼,不让孩子自己做决定,久而久之,孩子就养出了依赖父母的习惯,缺乏独立意识和自立能力。

现在有一种现象,叫"30岁儿童",到了而立之年,凡事仍不能自立,没有长辈陪在身边就惶惶不可终日。相信所有的父母都不希望自己的孩子是这样一种成长状况,那就切记:关爱不要过度,保护不能过度,从小就注意培养孩子的独立意识。因此,让孩子自己感受生活吧。让孩子的世界里不再只有爸爸妈妈，让孩子成为自己世界的中心。不要代劳孩子安排他的生活，他的人生终究要自己负责。所以，培养孩子的才能重要，培养孩子的独立意识更为重要。

为了孩子更好地成长，对孩子照顾过头的父母们不妨"偷个懒"，对待孩子时，记得以下几个"不要"：不要替孩子做一切家务活，剥夺他锻炼独立生活的能力；不要把自己的意志强加于孩子，剥夺孩子做自己的权利；不要对孩子监护过度，剥夺孩子的自由；不要给予孩子过度的保护，折断他应对挫折的翅膀；不要逼迫孩子追求成绩或是功名，把世俗功利的思想植在他的心上；不要满足孩子不合理的消费要求，让他远离自制和节俭的美好品格；不要过早地给孩子准备资产，剥夺他自我创造的动力；不要替孩子解决一切困难，阻碍孩子坚强意志的生长……总之，不要为孩子安排好一切，对父母来说，是一种解脱；对孩子来说，是一种恩赐。

聪明的父母要"无为而治"

菲菲已经是小学二年级的学生了，是一个可爱的小姑娘。但是，这个可爱的小姑娘却非常粗心，她做作业的时候从来不检查，总是把很简单的题目都做错。每次菲菲写完作业，就对着妈妈叫道："妈妈，我写完了！"然后，把作业本、文具盒往桌子上一扔，就匆匆忙忙离开桌子，打开电视或者跑到外面去玩。接着，菲菲的妈妈就帮菲菲收拾书桌，把课本、文具等收拾到书包里，然后，再将菲菲的作业从头到尾检查一遍，用铅笔把错误的题目勾出来，叫菲菲来改正。对于妈妈指出的错误，菲菲从来不问为什么，想一下就拿起笔来改，因此，她改过的题目还会出现错误。这时，菲菲就会不耐烦地嚷道："妈妈，到底应该怎么做呀？"妈妈见菲菲不肯动脑筋，一边抱怨菲菲不自觉认真学习，一边只得把正确答案告诉她。

生活中有很多像菲菲一样的孩子，他们好像一个傀儡一样，不会独立检查作业，不会独立收拾自己的书包，也不会自己思考错题的改正方法，好像没有自己的思想一样。父母会抱怨他们不自觉，什么事情都依赖父母，好像没了父母什么事都做不了。殊不知，孩子的不自觉正是父母无意识中宠出来的坏习惯。因为父母把检查作业、收拾书包的所有该孩子自己做的工作都代劳了，孩子在父母的帮助下毫不费劲地做好事情。久而久之，孩子一遇到困难，就求助父母，理所当然地认为父母会帮自己解决问题，这样就养成了孩子不自觉的习惯。父母对孩子的事情件件亲力亲为，为孩子包办一切，这样既限制了孩子自身的发展，自己也整天为孩子的事情不断操心，筋疲力尽。父母费心费力，某一件事做得不好时，还被孩子抱怨管太多，费力不讨好。

父母在孩子刚出生的时候，照顾孩子是应该的，因为这时候的孩子生理、心理的各项功能都还没有发育成熟，他无法独立生存，需要依靠他人的照顾。但随着孩子身心发育的健全，他学会了爬行、学会了走路、学会了说话，学会了自己出门、学会了与人交往……孩子学会的东西越来越多，他能学会的还有更多。父母应该适当放手让孩子去学会更多的东西，做一个"无为而治"的聪明父母。

但是，在许多父母心里，孩子再大也是自己的孩子，他们已经习惯了无微不至地照顾孩子：给孩子喂饭、帮孩子洗脸、帮孩子收拾书包、帮孩子做作业……基本上能帮的都帮了。在这种情况下，孩子能学会自觉吗？他从未尝试过自己做自己的事情的味道，怎么会平白无故地学会自觉呢？即使他一时兴起自觉做了某件事，但是习惯于依赖父母的他自然会觉得做事情很费劲，还不如让父母做好。久而久之，孩子越来越依赖父母，越来越懒散，而离自觉就越来越远。实际上，不自觉对于孩子的成长是很不利的。对于孩子的自身素质来说，独立性是最重要的素质之一，而不自觉的孩子完全依赖于父母，四体不勤，无法独立生活。所以，明智的父母应该从孩子的长远发展来看，让孩子从小就做一些力所能及的事情，注意从生活的各方面来培养孩子的独立性，对孩子进行自觉主动的自主教育，逐渐养成孩子的自觉意识和习惯。

自觉主动的自主教育的内容是从孩子的实际情况出发，调动孩子的内在积极性，发掘其潜能。美国著名教育心理学家赫施密特指出："自觉主动的自主教育实现的是受教育者和教育者的合一，使教育的对象成为主体，由于自身掌握了主动权，个人将在发展的过程中拥有无穷的力量和智慧。如此，不仅使受教育者的潜能得以极大的开发，而且使教育者得以身心的解脱。而这里的关键在于，教育者必须掌握以一驭万、能够真正诱发受教育者主动性的策略。"自主教育中的教育与被教育的关系并非固定不变的。在自主教育的前期，父母是主要的教育者，到了后期，当孩子已经掌握了方法并将之应用到自己的生活中，孩子的角色就发生了转变，实质上变为了自主教育的教育者，这时，他们会自觉主动地去学习，在某些时候，他们的独特见解和新的发现甚至会影响到父母，反过来使父母受到启发。

所以，激发和引导孩子自觉主动，父母不需要付出太多时间和精力，就可以培养出成功的孩子，就可以更轻松地成为成功的父母！

平等协商，让孩子在民主氛围中成长

葛莹是一个喜欢与孩子协商的妈妈，对此，她非常自豪，她曾经在日记里写道：

我的女儿从没撒过谎，因为她不必撒谎。在家里可以无话不谈，就是说得不好，也不会受到指责。我习惯和女儿商量她的事以及家里的大小事。我们经常坐在一起聊天，而且我们的观点竟是如此的接近，很少有意见相左的时候。

"商量"这个词，在母子、母女之间的使用率一般是不高的，而我们却是将其当作准则。面对任何事情，我从不摆母亲的架子，她也不使独生女的性子，商量的格局便形成了。在孩子很小的时候，这就已经约定俗成。比如她看中了一个玩具，我觉得不妥，便和她商量可不可以不要，强压她会不服，糊弄缺乏诚信，商量则是最佳的途径。更奇特的是，孩子一般都能接受，并且欢天喜地地放弃初衷。

我家里的抽屉都没有锁，女儿可以翻看任何东西，可以随便拿钱。她很小的时候就尽知家底，我也不对她保密。信任是家庭宽松环境的重要因素。

我内心的不快也愿意向女儿透露，我拿不定主意的事情乐于征求她的意见，她还小的时候我便将诸如选择购房这样重大的事情和她商量。

孩子是一个独立的世界，这个世界蕴藏着极大的潜能。潜能的开发，不仅需要个人的努力，也需要父母的尊重、赏识和肯定。有了这样的认识，父母在遇到事情的时候才能够相信孩子，与孩子商量。商量的魅力在于，它可以使自己学会从别人的角度思考问题，并且让孩子感觉到自己被别人尊重，同时，孩子也学会尊重别人和用商量的方法对待父母和朋友。

英国教育家斯宾塞说过：对孩子要少下命令，命令只有在其他方式不适用或失败时才用。要像一个善良的立法者一样，不会因为压迫别人而高兴，而要因为用不着压迫而高兴。

两代人的沟通，最重要的是相互理解、相互尊重。而实现相互理解、相互尊重的方法就是学会商量。如果父母喜欢与孩子商量，孩子就会非常乐意与父母交流，反之，孩子则会产生逆反心理，封闭自我。

学会与孩子商量，在子女的教育中还有更为重要的一个方面。那就是对孩子提出的要求，我们不能满足或不应满足时，不应粗鲁而简单地拒绝，而是要学会与孩子共同商量。这不但可以增加相互的理解，也可以避免一些无谓的争吵；更重要的是它可以教会孩子在社会上怎样与人共事。

每一个孩子都会出现与父母意见不一致的情况，孩子们都希望父母能够尊重自己的意见。如果父母忽视了孩子的主观能动性，一味地用父母的威严来压制孩子，孩子即使口头上同意了，内心也无法产生努力的动力，在这种情况下，孩子已经感觉简直就是受罪，怎么还可能与父母和睦共处呢？

喜欢与孩子商量的父母都是民主的父母。在这样的家庭氛围中，孩子渐渐会养成民主的习惯，都愿意主动与父母进行沟通，这样的亲子关系是非常令人羡慕的。那么，父母应该怎样运用商量来促进亲子关系呢？

1. 孩子的事情一定要与孩子商量

随着孩子的成长，孩子的事情一定要放手让他自己去选择，父母不可替孩子包办一切，即使父母有自己的想法，也要通过商量的方式，把自己的意见传达给孩子，让孩子权衡利弊后再做出自己的选择。

2. 凡事都要学会商量

涉及孩子的事情，父母最好不要自作主张，要学会与孩子商量，取得孩子的同意和认同。

3. 多些商量，少些命令

父母不管要求孩子做什么事情，一定要用商量的口吻，而不要用命令的口吻。比如，在提醒孩子不要看电视时，可以说："你现在是不是该做作业了，做完作业可以再看会儿电视。"而不要简单粗暴地说："别看电视了！"或"没做完作业看什么电视？"商量的语气对孩子来说非常重要，因为商量的语气代表着你尊重孩子，关心他的感受，孩子进而会对你产生好感和信任，这对促进亲子沟通非常有效。

总之，父母要学会与孩子商量，这样不仅可以增加相互之间的理解，避免许多无谓的争吵，还能够教会孩子为人处世，促进孩子健康成长。

与孩子的感受产生共鸣，有助于他自己解决问题

聪明的家长做孩子的顾问，对孩子旁敲侧击；愚钝的家长做孩子的主人，让孩子唯命是从。

在日常生活当中，有些家长在教育孩子的时候，不知不觉就摆出家长威严，强迫、训斥孩子，导致孩子反抗，关系僵持不下。这就是典型的"中国式家长心态"，当家长的觉得孩子就应该无条件服从，却很少站在孩子的立场上去体会他们的感受。

有一位母亲，出于担心和爱护，常常在女儿面前唠叨：少与男生来往。有一次，有几个同学邀约女儿一起去为朋友过生日，竟然遭到了母亲的一顿臭骂，这使女儿受到极大的伤害，她觉得在同学面前很没面子，同学也不愿再跟她来往。她因此怨恨母亲："你们不让我好过，我也让你们难受。"她向父母喊叫："我就是要气你们！就是不好好读书！就是要把你们的钱拿去花光！"

实际上，父母的担心是可以理解的，只要和孩子好好沟通，孩子肯定也是可以理解的。可是，故事中的母亲却不顾孩子的感受，粗暴地制止了孩子的行动，这让孩子对她产生了深深的怨恨。试想一下，如果这位母亲换一种做法，告诉孩子："我知道你想和同学们出去玩，也能体会到你的感受，可是，你要记住你目前的主要任务是学习，请你在玩的同时不要忘了学习，可以吗？"这时候女儿一定能理解母亲，并按时回家，好好学习的。

站在孩子的立场上，考虑孩子的感受，与孩子的感受产生共鸣，对于孩子自己解决问题是大有裨益的。

陈宇飞是一名小学四年级的学生，门门成绩都很优秀，除了体育课。身体瘦弱的他特别害怕上体育课，有时候甚至装病来逃课。陈宇飞的老师把这个情况告诉了他的父亲，父亲决定跟儿子好好谈谈。

父亲晚上下班以后，走进了儿子的房间。

"儿子，今天你们老师告诉我，你没有去上体育课。"

"爸爸，我不喜欢体育课。"

"我知道。"

"你知道？"

"对，因为爸爸小时候也很讨厌上体育课。那时候的我个子比较低，也比较瘦，体育课上老是被同学们嘲笑。"

"那后来呢？爸爸也没有去上体育课吗？"

"不是，后来的我，每次都去。"

"为什么呀？"

"因为，要勇敢地去面对才是男子汉。不能因为害怕就逃避，相反要去克服。你说呢，小男子汉？"

"好的，爸爸，我会试着去克服我的害怕，去上体育课的。"

"对嘛，这才是男子汉，不要害怕，只要勇敢迈出第一步，就会不一样的。你看爸爸现在不是很壮嘛。"

随着孩子的成长，他们也会慢慢地试着自己去解决一些生活或者学习中出现的小问题，当然，面对有些问题的时候，孩子会很迷茫或者困惑，这时聪明的父母要做的，首先是和孩子的感受产生共鸣，并鼓励孩子自己去解决问题。

最后的决定授权孩子完成

在父母眼中没有长大的儿女，许多父母觉得自己的孩子还小，不管什么事情都会帮他做好决定，并认为这就是一种爱。其实不然，爱默生曾说："你要教你的孩子走路，但是，应由孩子自己去学走路。"把孩子看成是一个自立的人，使其能自行决定自己的行动，并且实施自己的决定，也是对孩子的一种爱。

谢军是享誉世界的国际象棋特级大师，曾获得过多项世界冠军。很多人羡慕她的辉煌成就，但很少有人知道她能够取得这样的成就，完全是因为父母给了她自主的机会。

1982年，12岁的谢军小学即将毕业，但她却面临了两难境地：是升重点中学还是学棋，在这个分岔口谢军举棋不定。

小学6年中，谢军曾有7个学期被评为三好生，这样品学兼优的孩子谁见谁要，学校当然要保送她上重点中学。

但是，国际象棋的黑白格同样吸引着谢军和她的一家人。在这个节骨眼上，母亲的一席话给了谢军莫大的勇气，让年纪小小的她学会了自主，学会了对自己负责。

母亲叫来了谢军，用商量的语气说："谢军，抬起头来，看着我的眼睛。你很喜欢下棋，是不是？"

这是母亲对女儿选择道路的提问，从某种意义上讲，也是对女儿将来命运的提问。

家庭是民主的，对孩子采取了慎重的商量的办法，充分尊重女儿的意见和选择。

谢军看着母亲的眼睛，坚定地说出七个字："我还是喜欢学棋。"

听到女儿的话后，母亲同意了她的选择，同时又严肃地说："很好，不过你要记住，下棋这条路是你自己选择的，既然你做出了这个重要的选择，今后你就应该负起一个棋手应有的责任。"

一个12岁的女孩或许很难懂得和理解这段话，但却理解了父母的良苦用心。

正是母亲的这段话，使谢军受益一辈子。假如当初没有这段话，或是父母包办决定女儿的前途，就不会有今天的谢军，也不会有中国这位国际象棋"皇后"。

孩子虽然还小，但总有一天要走向社会。现在不培养他自我判断、自主决定的能力，什么事情都由家长解决，一旦孩子离开父母，没有人为他做这一切，而他自己又没有这种能力，那时该去依靠谁呢？

这个故事对家庭教育有什么启发作用呢？作为父母又应该从中悟出些什么呢？其实，道理很简单，那就是在家庭教育中，父母要像故事中谢军的母亲一样，孩子的事情让他自己决定，父母只提出参考意见。当孩子自主取舍或选择事物，会激发肩负责任的自主性、积极性、独立性和自律性。

几乎没有父母是有意识地损伤孩子的自信心，或损伤他独立解决问题的能力的，但不幸的是，无意识的伤害却比比皆是。

我们要有意识地避免过分保护，给孩子机会让他独立决定自己的事情。当然，在培养孩子自己做主的能力时，也应注意：

第一，不要给孩子太多的选择，如"你想穿什么颜色的毛衣"，孩子可能会提出家中没有的东西，若父母不能顺从时，反而会使孩子对父母失去信任。而应该问："你想穿这件绿毛衣，还是那件红毛衣？"

第二，不能让孩子选择有害、不安全的事，因为孩子不知什么有危险。例如，冬天一定要穿棉衣，这没有选择余地，必须执行，但可给些其他的选择："这棉衣由爸爸给你穿，还是妈妈帮你穿？"而不能说"要不要穿棉衣"。

第三，孩子做决定时，不要给其太大压力。如果孩子的决定不太合理、恰当，大人可给些提醒。如果孩子做决定后遇到挫折，产生了失败感，父母也要给予帮助。孩子做决定的机会不可太多，以免给他太大压力。

第四，根据孩子的愿望，运用大人的经验和知识，帮助孩子做一些决定。这是大人与小孩共同做出的决定，是帮助孩子做决定的好方式。

如"要下雨了，在图书馆里避雨比操场上好些"，这是大人进入孩子的选择中去。在判断正确与错误的选择时还可说"我们已答应某某去展览馆，不遵守诺言是错误的"之类，让孩子知道做出决定就要负责任。

要让孩子知道，只要尽力而为做出比较合适的决定就可以了，不一定要十全十美。但也不能随意做决定，要让他知道做决定的后果，从而不断学习，不断提高判断能力。

如果孩子坚持穿裙子去操场玩，结果不小心擦伤了皮肤，家长不应该说"瞧，我叫你穿裤子你不听"，而应说，"你想一想，如果我们下次再来操场玩，该怎么保护好自己呢"。

随着孩子长大，经验增多，做决定的能力与技巧会渐渐提高。这时，父母要舍得对孩子放手，让孩子学着自己去生活，让他在实实在在的生活中找到自我。

让孩子有意识地为自己负责

调查显示，许多企业在选择职工的时候，"责任"是他们考虑的首要原则，没有老板喜欢不负责任的员工。

父母也希望自己的孩子是一个负责的好孩子。可是，很多父母的所谓的负责，是让孩子在成长的过程中学会对他人负责，而忽略了对自己负责。

汪洋是家里的老大，父母总是告诉他要照顾弟弟，这是他作为哥哥的责任。有一次，弟弟很想吃苹果，于是哥哥就偷偷从邻居家里拿了一个。结果被妈妈发现了，大声地训斥了一顿。

"你不是说照顾弟弟是我的责任吗？我这是在履行我的责

任。"汪洋委屈地对妈妈说。

妈妈看着汪洋委屈的样子,觉得这样大声地训斥孩子是有些过分。于是,她蹲下来,很温和地对汪洋说:"是让你照顾弟弟,可是你知道吗,如果为了照顾弟弟去偷东西,就是对自己不负责任了。"

"对自己不负责?"汪洋有些疑惑。

"对,对自己不负责。一个人如果为了照顾别人而做一些坏事,这就是对自己不负责。"汪洋的妈妈说道。

其实,要让孩子学会对自己负责,也不是一件很难的事情,专家给家长提出以下的建议:

首先,要逐渐培养孩子独立自主的意识。随着年龄的增长,孩子的独立自主意识会慢慢地显示出来,父母需要做的,就是尊重孩子的成长规律,不要给孩子太多保护,让孩子对父母太过依赖。

李嫣已经8岁了,可是父母总是觉得孩子还太小,很多事情都不让她去做。

"妈妈,能让我一个人去上学吗?学校离家很近,我坐公交车一会儿就到了。"

"不行,现在社会这么乱,还是让爸爸开车送你去吧。"

"妈妈,能不能让我自己来整理书包?"

"算了,还是妈妈帮你吧,这样能快很多,省时间!"

就这样,李嫣习惯了什么事情都不做,都让妈妈去做。

其次，当孩子犯了错误时，父母不要替孩子包揽过失，要让他自己去承担。每个孩子都会犯错，而犯错也是一个成长的契机，聪明的家长会利用这个机会，让孩子有意识地为自己负责。如果总是认为孩子还小，而大包大揽，孩子不但错失了成长的机会，可能还学会了推卸责任。

白杨很喜欢看《哈利·波特》，动不动就把家里的拖把骑来骑去。他已经弄坏了3把拖把了，这让他的妈妈很头疼。

有一天，他的妈妈语重心长地对他说："白杨，你已经弄坏了家里3把拖把了，你得为你的行为负责任。我决定以后再也不会批评你骑着拖把跑来跑去了，但是如果拖把被你弄坏了，我会直接从你的压岁钱里扣除买拖把的钱，知道吗？我想，你应该为你自己的行为负责。"

听了妈妈的话后，白杨便很少骑着拖把在屋里走来走去的了。

最后，培养孩子严格要求自己的意识。一个人能严格要求自己，是对自己负责的体现。在外界的压力下，很多人都可以表现优异，但需要自律的时候，也要严格要求。

阿娇是一个很可爱的孩子，同学们都很喜欢和她玩，老师也觉得阿娇表现很好，上课的时候总是端端正正地坐在那里，认真地听课。

可是，回到家中的阿娇却是另外一个样子，坐没有坐姿，站也没有站样。

"娇娇,为什么你可以在学校里表现那样好,连老师都夸你,可是回到家里,连个坐姿都没有?"妈妈问阿娇。

"学校的时候有老师监督,回家了老师又不监督我。"

"这样的想法可不对,就算没有老师监督,你自己也得严格要求自己!"

"为什么呀?"

"你想一下,如果你一直在家里坐没有坐姿,站没有站样的,久而久之,就会养成习惯,会影响你去学校以后的表现。还有,若看书写字姿势很不正确会严重伤害你的眼睛。即使你在学校里坐得端正,如果在家里看书写字都趴在桌子上,眼睛还是会近视的。你说对不对?"

"嗯,好像对。"

"那以后一定要严格要求自己,好吗?"

阿娇点了点头。

引导孩子找到读书的动机

李阳是一个胖嘟嘟的小男孩,今年11岁了,上小学五年级。对于学习,他总是表现出一种少有的自觉性,他的父母从来都不督促他做作业。每天下午放学,他总是自觉地回到自己的房间做完作业,然后出来看会儿电视。他的学习成绩很好,父母常常为他感到骄傲，周围的邻居也都夸奖李阳是"一个天生学习的料"。

而与李阳同班的张武就没有这么让爸爸妈妈省心了，同样是11岁，可是张武每天放学后，总想着出去玩，爸爸妈妈催了好几遍还是不想写作业，必须得爸爸妈妈坐在旁边看着他，他才会应付着写一下作业，成绩也总是提不高，让他的父母很着急。

"唉，你说，都是同班同年龄，面对学习的态度怎么差距这么大呢？"张武的妈妈知道了李阳的故事后对老师说道。

在生活中，这样的例子并不少见，有不少家长都会发现这样一个奇怪的现象：有一些孩子，父母天天监督着学习，却怎么也学不好；而有的孩子，家长不怎么管他的学习，学习成绩反而很好。这让不少家长百思不得其解，只得叹口气说"有的孩子就是聪明，天生就是学习的料"。

其实，没有谁天生就是学习的料，只要稍微用心就会发现，这两类孩子有一个最主要的区别，那就是，后一类孩子是被迫学习，而前一类孩子是主动学习，而这就是学习动机的问题。学习动机正确的孩子，认识到学习的重要性，体验到了学习的乐趣，会主动学习。学习动机不明确的孩子通常学不进去，心思无法全部用在学习上。如果老师或家长给他们指出问题，他们也不会心服口服，只把作业当任务，拖拖拉拉很久才完成。

那么什么是学习动机呢？学习动机一般指是发自内心学习的潜在愿望。学习动机明确的孩子，一般自己都主动学习并在学习中感到极大满足。可见，学习动机对孩子来说具有无比重要的作用，帮助孩子明确学习动机，才是让孩子学习成绩提升的好办法。而要帮助孩子端正读书动机，就需要父母根据孩子的特点进行综合指导。

首先，家长要让孩子明白读书的价值。很多家长在劝孩子读书的时候，经常都会说一句"好好学，考个好大学，将来出来找个好工作"，结果发现，孩子还是没有多大兴趣去读书。其实，这是可以理解的，孩子不会想那么远，而且读书的价值也并不全在此。父母可以试着告诉孩子，读书也是成长的一种方式，是为他日后想当一个什么样的人做准备。这时候，就需要父母结合孩子的梦想向孩子说明读书的价值，如果孩子想当一个科学家，就要告诉他当科学家需要很博学，学好基础知识。总之，应该考虑孩子的兴趣等因素，告诉孩子读书的价值。

其次，让孩子体会读书的乐趣。很多孩子不愿意读书，就是因为他们觉得读书很无聊，没有体会到读书的乐趣。只有让孩子体会到读书的乐趣，孩子才会真正爱上读书。也许他刚开始读书的动机还不是十分明确，可是，当他感受到了其中的乐趣，爱上读书的时候，他读书的动机就会慢慢端正。

再次，试着去培养孩子读书的习惯。这里说的书，不仅仅是课本，更是课外书。科学调查显示，那些有着良好读书习惯的学生，学习动机比起一般学生要明确得多，学习成绩也比一般学生要高。因此，要想提高孩子的学习成绩，帮助孩子培养一个良好的读书习惯至关重要。这就需要父母给孩子塑造一个浓厚的家庭阅读气氛，同时做好榜样，结合孩子的兴趣，给孩子推荐适合看的书，慢慢帮助孩子培养爱读书的习惯。随着时间的增长，学习动机内化为孩子的行为习惯，孩子就会主动学习、主动读书。当一个孩子愿意主动去学习，他的学习成绩自然而然就会提高。因此，当孩子学习成绩很差的时候，父母不妨先引导孩子找到读书的动机，就会收到意想不到的效果。

创造机会：让孩子对自己"刮目相看"

有一个学生特别调皮，不爱学习，还总是闯祸。

有一天，这个调皮的学生又在教室里倒立走，教室里的同学都围到他身边，老师走过来时，他立马站好了。

"啊，原来你还有这个才能，我小时候一直想倒立行走，可是从来都没有成功过。"老师出其不意地说了这样一句话。"相信你肯定还有不少让我们吃惊的地方吧，继续努力，都表现出来吧。"听了老师的话后，这个调皮的学生开始换了一种眼光看自己，他觉得自己还是很有前途的一个人，于是他开始好好学习，成绩也提高了。

"你看，我都说了，你肯定还有让我们吃惊的地方的。"面对老师的夸奖，这个孩子偷偷地笑了。

当一个人开始对自己的某一个方面刮目相看时，他的自信心会得到极大提高，也会以一种积极地心态去面对生活或者学习中遇到的困难，这样，他做事情比较容易成功。父母在教育孩子的过程中，也应该努力创造机会让孩子对自己刮目相看，这样孩子慢慢就会以一种积极自信的心态去面对学习和生活。那么，怎样让孩子对自己刮目相看呢？专家给出了以下几点建议：

首先，父母要做的就是发现孩子的长处。让一个人对自己刮目相看，必须从他擅长的地方入手，这样才能增加他的自信，否则，只会让他备受打击。但需要注意的是，父母在这里要找的长处，不一定非得是孩子表现突出的地方，也可以是孩子的一个进步，比如昨天他不会做的题目今天经过努力解了出来，或许是孩子动手就可以完成的某项任务。当然，不能选择太简单或太难的任务给孩子，不需怎么努力就可以完成的任务会降低他的成就感，激不起他的兴致；太难的任务，万一孩子做不好了，则会适得其反。

其次，让孩子对自己刮目相看，最好涉及一些孩子不太熟悉的东西。每个人对自己不太熟悉的东西都有着新鲜感和好奇心，如果让孩子运用自己擅长的某项技能去解决一个他不太熟知的领域的问题，会让孩子发现自己可以做的事情的范围变宽了，就会对自己的兴趣和能力有一个全新的认识。

此外，如果孩子完成了你设计的任务时，一定要及时鼓励，从内到外都要替孩子高兴。高兴之余，还要通过语言引导他，帮助他发现自己、确认自己，对自己刮目相看。

创造机会，让孩子对自己刮目相看，是父母和孩子一起成长的过程。它让父母更了解孩子也更了解自己，提高为人父母的水准的同时更为孩子打开一条通向成功的路。父母应该好好掌握这门教育艺术。

第九章

依靠和孩子建立起来的情感纽带来促使他们合作

孩子为什么爱扔玩具

宋梅家的孩子 9 个月了，最近开始了一个新游戏——扔玩具，见什么扔什么，而且越扔越开心。只要东西拿到手上，他常常不遗余力地扔出去。宋梅以为是孩子不小心把玩具掉在地上的，于是就弯腰去把玩具给他捡起来，但是每次刚把玩具还给孩子，他又会用尽力气扔出去。这样反反复复好多次，宋梅这才发现原来是孩子在故意扔东西，于是就不再理他了。可是看到孩子眼泪汪汪地依旧用手指着地上的东西，宋梅只好又一次次地去把玩具捡起来给他。

很多 9～10 个月的孩子都会出现扔东西的情况，妈妈们总是苦不堪言。其实孩子喜欢扔东西并不是他存心捣乱，而是这个时期孩子的年龄特点决定的，这是一件好事，因为扔东西代表着孩子长大了，他开始了对世界的探索。

儿童心理学家认为，"扔东西"是孩子学习过程中的必经阶段。到了一定的年龄，孩子就会对事物的因果联系非常感兴趣。比如偶然把球扔出去的时候，孩子发现球是滚动的。开始他并不知道是自己的原因引起了球的滚动，但是经过多次的"偶然"，孩子就发现了"必然",发现自己扔的动作引起球开始滚动的效果。这让孩子意识到自己具有某种力量,并且发现自己和其他物体之间存在着某种关系。同时,在扔东西的过程中,孩子还意识到了自己与动作对象之间存在区别,这是自我意识发展的第一步。而孩子在扔东西后,东西总会掉到地上,并且不同的东西会发出不同的声音或者产生不同的改变,这对孩子来说是很新鲜的体验,于是就有了对世界最初的探索。

另外,孩子总是反复地扔东西也可能是想向大人显示自己的力量,渴望得到大人的表扬。刚出生的时候,孩子的手部动作还不灵活,不能够拿住东西。但是随着个体的发展,他发现自己不仅能够拿东西,还可以把东西扔出去了。这让他异常兴奋,认为自己又学会了一项大本领,所以经常非常高兴地进行多次重复,同时也希望引起爸爸妈妈的注意,给予他表扬。

当然并不是所有的扔东西都是孩子在探索和发现新世界或者显示自己的力量,有时候他们是想向大人传达某些信息。比如当孩子把自己手边的东西扔在地上的时候,他可能是因为发现自己长时间没人关注,于是想吸引家人过来和他一起玩;如果他把盖在身上的被子扔在地上,很有可能是告诉爸爸妈妈他热了,父母要细心留意孩子的需求。在这种扔东西的过程中,孩子和父母之间就建立了"授受关系",这也为孩子最初的社交活动拉开了序幕。

为了孩子的健康成长,爸爸妈妈应该充分满足孩子"扔"的欲望,为孩子提供扔东西的环境。

当然，当孩子把大人的贵重的手表或者手机丢出去的时候，也千万不要发火，因为孩子不像大人那样有"爱惜物品""不把东西弄坏"的意识。所以，为了防止孩子造成不必要的损失，父母最好把贵重物品或者易碎的东西保管好，放在孩子拿不到的地方，然后可以让孩子玩一些不容易摔坏的玩具，比如铃铛、小球等。

但是凡事都有一个限度，在孩子扔东西的时候，父母可以制定一些必要的规矩。例如可以告诉孩子球可以扔着做游戏，但食物就不能扔在地上。如果你不能花许多时间为孩子捡东西，那么可以让他坐在铺有垫子的地板上，自己去玩扔东西。当孩子自己爬过去或走过去把东西拾起来的时候，要及时给孩子鼓励，这样可以避免孩子养成"丢"东西的坏习惯。

孩子喜欢扔东西，父母不必烦心，这只是一个很短暂的过程。当孩子学会正确地玩玩具和使用工具后，他的兴趣会逐渐转移到更有趣的活动上，"扔东西"的现象会自然消失。但是如果孩子到了2岁左右，仍然喜欢随意扔东西，那么就应该让孩子改掉这个坏毛病了，因为这个时期已经不再是孩子扔东西的特定时期了。

孩子为什么总是说"不"

妈妈带着刚满3岁的女儿丫丫和她的表哥去踏青，路上，妈妈说："丫丫，让哥哥拉着你的手走，这样不会摔倒。"丫丫想都没想就很坚决地吐出了一个字："不！"妈妈听了，就继续劝她说："哥哥拉着你会很安全的！"丫丫还是倔强地说："就不！我就不！"于是妈妈就让丫丫表哥主动去牵丫丫的手，这下可把丫丫气坏了，竟然大哭起来，不仅把哥哥的手甩开了，还一屁股坐在地上不走了……丫丫妈妈真是奇怪起来："女儿最近怎么总是这样反常呢，这么倔强，情绪也很暴躁，以前那个温顺可爱的女儿去哪里了呢？"

正常情况下，1岁左右的孩子就已经可以步行，他们发现自己即使没有父母的帮助，也可以去自己想去的地方。与此同时，孩子也开始对各种新鲜事物产生兴趣，思维也逐渐形成，并且开始试着表达自己的意见。

当孩子2岁左右的时候，运动能力、思维方式以及语言能力的发展让孩子学会表达自己的想法和主张。这时候的孩子，任何事情都希望亲自去做，很讨厌大人的帮助，比如洗脸的时候会拨开父母的手；还不会用筷子，却偏偏要自己拿筷子吃饭，如果帮他摆正拿筷子的方法，他还显得很不耐烦，会大发脾气。

父母总是突然发现原本乖巧可爱的孩子怎么好像变了一个人一样，无论父母要求他做什么，他都是一样的回答，"不！"很多父母为此烦恼不已，还有可能会对孩子大打出手。

其实当孩子说出"不"的瞬间，父母就应该意识到自己的孩子长大了！他说出"不"，说明孩子正在形成自我意识，从此开始逐渐独立，不再任何事情都依靠父母了。"不"可以说是孩子向父母发出的独立宣言。

面对孩子的独立，父母应该高兴并且支持孩子的尝试。当孩子开始说"不"并且一切都要自己去尝试的时候，父母一定不要批评孩子的失误，更不能对孩子的失误冷嘲热讽。比如当孩子拨开你的手一定要自己吃饭，最后却打翻了饭碗时，父母千万不能说："非要自己吃，打翻了吧？"这是对孩子独立要求的否定，会延缓孩子自我意识的形成。如果父母不顾孩子的想法，总是用命令的态度来对待孩子，这会让孩子感到耻辱，还会磨灭他想独立完成某一事情的意识，最后的结果只能是父母自己吃苦头。因为如果孩子小时候不能表达自己的主见，到了容易产生困惑的青春期甚至成年后，他可能会因为情绪不能自控而出现更大的问题。

当孩子自我意识形成的时候，他很可能会提出很多无理的要求，这个时候父母要怎么办呢？难道就听之任之？当然不是，这就需要父母开动脑筋去引导孩子形成好习惯了。父母也可以不跟孩子说自己的目的，只把孩子放在特定的环境里。比如孩子应该睡觉的时候，父母可以直接把孩子抱到床上，这样就可以减少被孩子拒绝的机会。如果孩子仍然大喊："我不睡觉。"父母可以说："不是让你睡觉，你可以在床上玩一会儿。"

其实父母如果意识到孩子的反抗是长大的体现，每天都为孩子的成长而感到高兴，这样不论抚养的过程多么艰难，父母也不会感到累，反而会体验到看着孩子成长的乐趣。

怎样剪断妈妈的"小尾巴"

4岁的男孩天天最近经常缠着妈妈,成了一个不折不扣的"小尾巴"和"醋坛子"。天天以前都是自己睡觉,最近忽然要求妈妈和他一起睡。有一天,妈妈给他讲完故事,看他已经闭上了眼睛,便想悄悄离开,不料妈妈刚一动身,他就猛地睁开眼睛,拉住妈妈的衣服央求道:"妈妈,我想和你一起睡。"

如果妈妈带着他到公园,他也不愿意离开妈妈去和其他的小朋友玩。如果勉强去和小朋友玩了,一旦看到妈妈在对某一个小朋友笑,就会马上冲过来抱着妈妈,对那个小朋友"示威":"这是我的妈妈!"

妈妈对此非常发愁,她想儿子这么黏人,长大之后怎么成为一个有担当能独立处理问题的男子汉呢?

其实这是一个很正常的现象。因为这时候的孩子进入了情感表达的敏感期。当孩子长到四五岁的时候,他的情感世界就会被父母的爱唤醒,他对情感也产生了更加深刻的认识。所以,这个时候的孩子特别喜欢跟妈妈和爸爸在一起,总是喜欢和父母黏在一起,感受来自父母的温暖。这就是为什么孩子会忽然变得特别依恋妈妈的原因。

此外,这时候的孩子还希望父母能够把爱都给他,不能分心,否则他就会怀疑父母是不是不再爱自己了。所以如果妈妈去忙别的事情，或者跟其他的小朋友稍微亲近些，甚至妈妈笑着跟别人说话他都会很难过，会马上跑过去阻止妈妈去做这样的事情，有的时候甚至会哭闹不止。

那么这时候的父母应该如何满足孩子的情感需求，让孩子顺利地走过情感敏感期呢？

首先，父母要尽量满足孩子的心理需求。当孩子处在情感敏感期的时候，一般都会表现得比较"脆弱"，所以父母一定要理解孩子，尽量去满足他的心理需求。比如当孩子晚上要求妈妈抱着他睡觉的时候，如果妈妈同意，他的感情需要就得到了满足。表面看来是孩子要求妈妈抱抱，孩子真正的意思却是说自己想要得到妈妈更多的爱，当妈妈哄孩子睡觉时，可以一边拍着孩子一边说："妈妈喜欢宝宝，妈妈会永远爱宝宝的！"这样孩子的心理需求就得到了满足，孩子就会很快安然入睡。

其次，父母要给孩子表达感情的自由。因为孩子的语言能力发展并不完善，但是他们又急于表达自己的情感，所以处于情感敏感期的孩子总是喜欢亲吻父母，会经常往父母的怀里钻。这不仅是孩子向父母索取爱的过程，也是向父母表达爱的过程。这个时候，父母应该高兴地接受孩子的感情，配合孩子，一定不要用自己的主观意识去解读孩子的行为，或者根据自己的心情去回应孩子。

不过值得注意的是，虽然孩子对爸爸妈妈产生依恋是正常的而且是成长过程中的必要阶段，也为孩子将来能够成功地与他人和睦相处打下基础，但是孩子的这种依恋不能长时间地存在下去。随着年龄的增长，到了上小学的时候，孩子还是强烈拒绝和父母以外的任何人亲近，这个时候就属于过度依恋了。这种过度依恋对孩子来说并不是好现象，要及时发现和纠正。

孩子为什么离不开他的破枕头

2岁的小哲有一个蓝色的枕头，这个枕头从小哲一出生就陪伴着她，小哲非常喜欢这个枕头，时时刻刻都离不开它，甚至有时候去奶奶家过夜也要抱着。现在这个枕头的枕套已经破了，而且看上去很脏，妈妈就自作主张换了一个新枕套。不料小哲发现之后大哭大闹，一定要原来的那个枕套。妈妈没有办法，只好把那个旧枕套补了一下还给了小哲。

孩子依恋枕头或者布娃娃的行为是一种典型的儿童恋物现象，父母不必害怕，很多小孩子都会出现这样的恋物现象。这种恋物现象与孩子早期的生活是分不开的。幼儿时期的孩子会通过各种感官体验来满足探索世界的需求或者安抚自己的情绪，比如，吸奶嘴、吃手指是为了满足口腔吸吮的欲望；抚摸被角、毛巾、毛毯、棉布等物品是为了寻找触觉的舒适感。

一般来说，8～9个月大的孩子就会开始对柔软、触感好的东西表现出强烈的喜爱，比如衣服、毯子、玩具娃娃等。这些物品被称作"过渡期对象",它们能给孩子带来心理安慰。

为什么这些物品被称作"过渡期对象"呢?这是因为此时的孩子正处在离开妈妈,获得精神独立前的过渡状态,如果孩子想要离开妈妈,获得独立,就必须要找到能暂时代替妈妈的东西,而这些东西就是孩子们眼中的"无价之宝",是无论什么东西都取代不了的。

孩子在睡觉或者承受较大心理压力的时候,会表现得更加依恋这些物品。比如,当孩子身处医院等让他感到害怕的环境中或者是陌生的地方,他就会通过抚摸喜爱的物品来让内心安定下来。

通常情况下,孩子在4岁左右注意点得到转移,对过渡期对象的需求也就不会那么强烈了。在孩子4岁前强行阻止恋物行为会给孩子造成压力,因此是不可取的。

如果孩子长大之后依然有恋物行为并且还出现了性格孤僻、不善交际和忧郁敏感的情况,这就要引起爸爸妈妈的注意了。因为只有当孩子与父母没有形成良好的依恋关系时,他才会对一件物品产生病态的依恋。如果孩子对父母的信任感减弱,孩子的恋物行为就会变得更严重。这时候父母要去请教专业的医生,并且要为孩子准备"迁移载体",使孩子无法对依恋物"专情"。当然,最重要的是加大对孩子的感情投入,增加与孩子的接触和互动,让孩子形成安全感。修补好出现了问题的亲子关系才是解决孩子病态恋物癖的根本。

如果孩子只是单纯地依恋某件物品，并没有出现性格上的缺陷，那么父母其实也没有必要紧张，因为那可能只是孩子形成了一种习惯而已，并不是心理问题。

要想好好听，先得好好坐

美国有一个评论型的电视节目，节目中找来的评论者都是美国知名的评论家，可是节目却总是无法掀起辩论高潮，每次收场的时候都显得气势不足，收视率也很低。

后来这个节目的制作人无意间和一位心理学家说起了这件事情，他苦恼地说："真是不知道怎样才能把节目办得更叫座一些呢？"心理学家听了他的问题，给他提出一个建议："改变一下座位的配置方式。"也就是说改变一下每个节目中评论嘉宾的坐向，由以往的横排而坐，变成两人相对而坐。

令人惊讶的是，自从接受这个建议后，这个节目每次都能引起热烈的辩论。没多久，这个节目的收视率就开始直线上升，成了美国最受欢迎的评论类节目。

其实，产生这种变化的原因是心理学上的"坐向效应"。所谓"坐向效应"，是指就座位置的方向对人们的心理感受产生的影响。从心理学上讲，之所以会产生这样的"坐向效应"，是因为与人相对而坐，由于正面直视的视觉"感受"会自然地给对方一种压迫感和不自由感。两人相对而坐的时候即使不是有意凝视对方，但是由于彼此正面相对，视线强烈，也会有一种直刺对方心理的攻击性。所以辩论节目才会因为坐向的改变而产生了不同的效果。

毛先生对心理医生讲述了自己的困惑：

"每次，我都是心平气和地和儿子坐在一起，想要了解一下他的学习生活情况。但是不知道怎么回事，每次我和儿子都是不欢而散。有时候我只是随意地问一下：'最近学习上有什么困难吗？'孩子就会没好气地盯着我回答：'没有！是老师又告状了吗？'一看到孩子这种表现，我也气不打一处来，最后就是两个人气哄哄地各自回房间。"

心理医生听了这些话，询问了一下两个人坐的位置。果然，父子俩每次都是相对而坐。心理医生笑着说："下次再聊天的时候，试试和孩子坐在一起，而不是对着他坐。"

由前面介绍的"坐向效应"，我们可以知道，面对面地坐向容易造成紧张、对立的关系。回想一下，我们平时与人争辩的时候，是不是总是会不自觉地采取正面相对的姿势呢？人和人相对，容易产生对立情绪；相反，如果彼此横向而坐或斜向而坐，让双方的视线斜向交错，这样就减弱了视线的对立性，因此也可以避免尖锐的对立状态，这种坐向会让人感觉比较和谐融洽。

其实，与孩子谈话的时候，要根据内容选择合适的坐向。不要因为横向而坐或者斜向而坐气氛比较和谐就不分情况地一律选择这种坐向。

首先，如果父母只是没有针对性地与孩子聊聊天，那么为了避免无谓的对立，最好选择侧身而坐，或采取直角的位置，尽量不要与孩子正面相对而坐。

当父母要表扬孩子的时候，一定要选择与孩子横向坐或者倾斜交叉而坐。如果对面而坐，就会造成与表达内容的矛盾，有时夸奖反而容易让孩子误解为讽刺或者挖苦。

在批评孩子的时候，则要根据情况选择坐向。如果要进行缓和的、温暖的批评，就要坐在孩子的身边，选择斜向或横向而坐。反之，如果孩子的错误很严重，必须进行严厉的批评，这时候就要选择坐在孩子对面，用视线直视他，给他的心理造成强烈的震撼。

所以父母一定要记住，"坐向"有着神奇的魔力，会产生完全不同的心理感受。在与孩子的交往中，应该根据不同的谈话目的选择不同的坐向，从而加强教育的效果。

一个拥抱胜过十次说教

在人际交往中，身体语言往往能比口头语言传递更多的信息。所以父母在和孩子的交往中，不仅要留意自己的语言所传达的信息，还要学会利用身体语言。

当孩子跌倒的时候，我们常常可以看到一些家长嘴里说着："宝宝快起来，不疼不疼！"可是脸上却带着惊慌失措的表情，手也不由自主地伸向孩子。孩子看到妈妈这时候的表情，就会大哭起来。

其实孩子年龄虽小，但是第六感是相当敏锐的，他们能从父母微妙的表情和动作中判断出父母的态度。如果在孩子跌倒的时候，以坚定的目光看着孩子，并对孩子说："自己起来吧！"孩子就会知道父母不会帮助自己，然后自己站起来。

曾经有这样一个实验：

让妈妈面无表情地看着正在笑的6个月大的孩子，结果，不一会儿，孩子就不再笑了。当妈妈离开后，再次回到孩子身边时，他根本就不看妈妈。这个实验证明，面无表情或郁郁寡欢的妈妈很容易刺伤孩子的心。孩子虽小，但他却能清晰地从妈妈的表情、动作上感觉到妈妈的态度。

也许父母不知道，孩子对于表情的敏感程度，远远超出了他们的想象。据研究，在孩子语言能力没有成熟前，父母与他交流时，这种非语言的表达方式能占到97%的比重。大一点的孩子就更不用说了，他们更善于观察父母语言之外的其他东西。因此父母在与孩子的交往中，一定要留意自己的身体语言所传达的信息。

当孩子想妈妈了或者被别的小朋友欺负了，可以把孩子搂在怀里，脸贴着脸，缓缓地拍着他的背部，嘴里轻轻地说些安慰话，这样孩子那颗惊恐失措的心会渐渐趋于平静。当孩子说着不着边际的话时，家长最好也要面带微笑地等他说完再发表见解，可以伴些手势和面部表情，这会使孩子觉得自己像大人一样被尊重。当和孩子玩游戏时，调皮的孩子故意耍赖，妈妈要么刮刮他们的鼻子，要么摸摸他们的头，再不然就亲亲他们……这时候孩子们就会围着妈妈又蹦又跳，显得特别开心。

总之，除了正常的语言交流外，家长适时地给予孩子的一个拥抱或者一个吻，都可以很好地激发孩子的积极性，让他们体会到父母的可亲可敬。而对于那些调皮捣蛋的孩子来说，父母一个严厉的眼神，也许比责骂更有效果。

此外，在父母和孩子的交往过程中，还要学会读懂孩子的身体语言，以此来"透视"孩子的内心世界。当一个小孩撒了谎的时候，他很可能会在说完之后立刻用一只手或双手捂住嘴巴；如果不想听父母唠叨，他们会用手捂住耳朵；如果看到可怕的东西，他们会遮住自己的眼睛。当孩子逐渐长大以后，这些身体语言依然存在，只是会变得更加敏捷让别人不易察觉。

一个妈妈在与孩子谈话时，十分注意孩子的眼神。她这样总结自己的孩子："孩子眼神定向专注，表示注意力集中；眼珠发亮，表示思维活跃；眼珠放光，表示懂了；眼珠不亮，表示在思考，但还不明白；眼珠亮点闪烁，表示思想上处于矛盾斗争中；眼睛湿润，表示激动。"

不同孩子的身体语言不一定相同，但是只要父母认真观察，就不难掌握孩子的身体语言特点。

而在教育孩子的过程中，父母也要适当地运用肢体语言，这样可以强化口头语言的使用效果。特别是对年龄偏小的孩子来说，父母的肢体语言可以使他们柔弱的心灵得到莫大的安慰，一个鼓励的眼神、一个温暖的拥抱，都会使他们觉得温馨，具有安全感。

了解孩子的肢体语言，就可以在孩子需要帮助的时候像春风一样温暖孩子的心；学会用肢体语言表达自己的情感则会让孩子收获更多的关爱和欢乐。请父母们时刻把这样一句话放在心头：任何时候，孩子都更愿意相信父母的表情，而不是父母的话。所以，不要吝啬自己的肢体语言，让它们带给孩子一份特别的鼓励和关爱吧！

把握好孩子对父母的依恋

在孩子很小的时候，都会对父母有很强的依赖，甚至有时候，孩子就像是父母甩不掉的小尾巴，父母到哪都跟着。只要有一会儿见不着父母，孩子就会变得焦虑不安，甚至哇哇大哭。

于是有些父母开始烦恼了：孩子这么黏父母，到底是怎么回事呢？这样的孩子长大以后怎么会独立生活呢？

周末的一天，艳艳的妈妈正在厨房烧菜，而艳艳像条小尾巴似的在妈妈身边蹭来蹭去，妈妈担心不小心伤着她，于是耐心对艳艳讲："艳艳，你先出去玩会儿，厨房里很危险的，一会儿妈妈做好饭就陪你，好不好？"

"我不！我要跟妈妈在一起！"艳艳噘着小嘴。

"艳艳乖，你看厨房里这么小，万一妈妈不小心碰着艳艳了怎么办？"

"不！我就不！"

无论好说歹说，艳艳就是不肯出去玩。

因为在平时，艳艳就跟妈妈特别亲，无论是吃饭、玩耍还是睡觉都要妈妈陪着。一见妈妈不在，她就会到处找，甚至妈妈洗澡时，她也要守在门外，寸步不离。

艳艳刚上幼儿园时，根本就不愿意离开妈妈，无奈之下，妈妈在幼儿园陪了她整整一周，她才慢慢肯去幼儿园了。

现在，即使每天去幼儿园，艳艳仍然对妈妈依依不舍，从幼儿园回家后，更会寸步不离地守着妈妈。

艳艳的爸爸因为工作忙，平时都是早出晚归，因此，艳艳的吃喝拉撒都是由妈妈操持的，这无意中养成了艳艳特别依恋妈妈的习惯。

其实，孩子对父母的依恋，是亲子之间一种天然的、积极的、充满深情的感情连接，它能激发父母更好地照料孩子，对孩子的个性形成也有着重要的影响。

这种依恋在孩子出生后的第一年是至关重要的，父母的接纳、喜欢、拥抱、躯体抚慰和精神关注，将促进孩子与父母形成信任、安全、温暖的关系，这样的依恋关系能让孩子变得健康、活泼、开朗、自信和自尊。

如果父母的性格强硬，动作粗暴，对孩子疏于照料（让孩子处于饥、渴、冷、湿等不安状态），或不愿意亲自陪伴孩子，把孩子寄养在别处，甚至虐待孩子，那么孩子就可能很难与人形成良好的依恋。

有很多不能对父母形成依恋的孩子，在成长中会慢慢出现边缘型人格障碍或自恋型人格障碍等。

与父母形成良好依恋关系的孩子具有以下特征：

第一，能正确解读父母教育自己的信息，打得也骂得，孩子不会记恨父母，一般也不会让父母太伤心。依恋不够的孩子打不得也骂不得，因为父母这样做会激发孩子内心深处对父母的不信任。

第二，人际关系中，开朗活泼，有自信和自尊，懂得爱别人，能与人"共情"，没有暴力倾向，善良、宽容，知道自我的边界，不对别人过度要求。

一般来讲，依恋是孩子出生后最早形成的人际关系，是成人后形成的人际关系的缩影。因此，父母与孩子建立良好的依恋关系，有利于孩子的健康成长。当孩子表现出对父母的依恋的时候，父母最好不要趁机对孩子身上的某些行为、特征、习惯表示不满意，忙着纠正孩子，这样会让孩子感觉很糟糕，没有安全感。

因此，父母要用一种平和、坚定、温暖的方式去引导孩子，这样的话，孩子才会慢慢地完全投入父母的怀抱完成儿童时期心理发展的任务——依恋，不要硬性切断孩子对自己的这种依恋。

需要提醒父母的是，这种亲密的依恋随着孩子的长大会慢慢淡化，这是孩子成长的一般规律，孩子不会再像小时候那样黏父母，会想去做自己想做的事情，当然这并不是说孩子和父母不再亲密，只是孩子对于感情开始学着成熟地把握，不再像小时候那样只能用单一的依恋来表达对于父母关爱的渴望。如果孩子长大后还依旧像小时候那样黏着父母，父母可就要小心了，这说明孩子可能从心理上还没有度过"断奶期"。

因此，在这里给父母一点温馨提示：要把握好孩子对自己依恋，在孩子小的时候，要尽量满足孩子的这种依恋，然而等孩子稍微长大一些，就要顺其自然地发展孩子独立的能力，不要依旧让孩子黏着自己。

科学看待孩子的不听话

"唉，我们家的美伊太让人头疼了，主意多得很，我让她学舞蹈，她偏要学画画，我说周末去超市买衣服，人家偏要去郊外野餐。真不知道这孩子怎么这么不听话呢？"美伊的妈妈向美美的妈妈抱怨道。

"就是，现在的孩子真是太不听话了，我们家美美上周还一本正经地对我说，从此以后她再也不会像小时候那样对我百依百顺了，真不知道哪根筋不对，长大了怎么就这么不听话？"美美的妈妈也沮丧地对美伊的妈妈抱怨道。

相信很多父母都曾问过这样的问题："孩子怎么就这么不听话呢？"不过，在解答这问题之前，父母不妨先静下心来，仔细想想：孩子的不听话是不是真的没有一点好处呢？不一定吧。

就像每一枚硬币都有正面和反面一样，孩子不听话也并不是全都是消极的，它也有着其积极的一面。

因此，身为父母应该学会科学地看待孩子的不听话。

1. 孩子不听话的积极方面

德国著名心理学家海瑟曾经做过这样的一个研究，他挑选了100名2岁～5岁的孩童，其中部分是具有反抗意识即大人嘴里不听话的坏孩子，另一部分是毫无反抗意识即大人们都喜欢的非常听话的好孩子。

在此后的数十年间，他对这些孩童的成长进行了详细的追踪调查，一直追踪到这些孩子的青年时期，然后进行了研究分析。

他发现了一个令人吃惊的现象：那些反抗力强、小时候不听话的孩童，有85%成长为意志坚强、具有判断力的人，而那些没有反抗意识、很听话的孩子大多数成为依赖性很强、判断力弱的人，只有少部分具有较强的意志力。

其实，在生活实践中，人们也很容易发现，那些不怎么听话的孩子，往往自我意识都很强，这样的孩子通常会表现出智力活跃、反应敏捷、喜欢提问、对新鲜事物充满好奇、好胜心和勇气较强等特点，这些因素对于孩子的健康成长都是十分有益的，如果父母能好好发现和引导，那么，不听话的孩子将来也能出类拔萃。

科学家也经过调查发现，那些在学术上或者事业上有所成就的女性，大多数都是一些小时候对父母的话并不是那么百依百顺的女性，从小对生活中的事情总是有自己的主见，并坚持自己的主见。

不要太介意孩子的"顶嘴"

有一位妈妈抱怨说："最近我女儿特别爱顶嘴。比如，在从学校回家的路上，我们到一个公园去玩了一会儿。当我说'咱们回家吧'，她不干，还会反问我：'为什么我非要听你的，而你就不能听我的？'女儿特别喜欢小动物，总想养一只小狗，我不让，说小狗身上有细菌。但是她却说：'你说得不对！电视里说过，小朋友和小动物多接触可以提高抵抗力。'每当这时候我都会很着急，但是又不知道该怎么对待孩子。"

有不少家长都有过这样的抱怨，随着孩子一天天长大，渐渐觉得孩子不如从前听话了，并且变得难管了，动不动就与家长顶嘴，家长说东，他偏说西，这令家长十分为难和恼火，真不知道到底该拿这孩子怎么办才好。

其实，家长也没有必要十分烦恼，只要找到孩子顶嘴的原因，一切都是很容易解决的。

一般而言，孩子的顶嘴都是有原因的。随着年龄的增长，当孩子进入了青少年时期，他们具有一定的独立思考能力，从这时候起，他们不再愿意别人把他们当作小孩子来看待，也不愿意处于被照顾的从属地位，更不愿意一直处在被命令指派的位置。

所以，家长们没有必要为孩子的顶嘴而生气恼火，不妨为此感到高兴，因为孩子开始顶嘴意味着他们有自己的想法了，有独立思考的能力了，这不正是家长所企盼的吗？

有的父母不愿意接受孩子开始顶嘴这个现实，大多数是由于受到千百年传统观念的影响，总觉得小孩子见识少、阅历浅、不成熟，于是就形成了"父母说话小孩子听"的定论。也有不少父母要孩子对他们"言听计从"，否则就认为有失父母的威信和尊严。

其实这种想法也是不对的，因为父母不可能总是按照管教三四岁小孩的方法来对待自己已经长大的孩子。要求和命令的时代已经过去，换成说服的方式取而代之就可以了。

聪明的家长应尊重孩子的独立性，允许孩子有不同的观点、看法。面对顶嘴的孩子，应保持风度、保持冷静，不要轻易发火动怒，加剧双方的抵触情绪。

要善于倾听孩子的意见，耐心让孩子把心中的观点讲出来，然后分析一下孩子说的是否有道理，变顶嘴为讨论、探讨。如果孩子是正确的，就应该给予肯定和鼓励。如果孩子是无理取闹，家长也可坚持自己的观点，但应该将心比心，耐心听完孩子的意见后，讲明道理，真正说服他。

德国汉堡心理学家安得利卡·法斯博士通过多年的实验观察后证实，隔代人之间争辩，对于下一代来说，是走向成人之路的重要一步。能够同父母进行真正争辩的孩子，在以后会比较自信、有创造力和合群。

孩子争辩的时候，往往是他们最得意的时候。这至少有两个好处：一是当孩子最来劲、最高兴、最认真时，对他们的大脑发育是有好处的；二是这样可以营造家庭的民主气氛，增加孩子各方面的能力。这样的孩子具有很强的交际能力和其他方面的能力，对将来的发展是大有好处的。

总之，如果一个孩子从不与人争辩，总是与世无争，那么，他的勇气、智商、口才、进取心、自信心等就值得怀疑了。因此，从某种意义上说，争辩是孩子的一门必修课，而这门课最好在家里进行。

在争辩的过程中，父母要有热心和耐心，让孩子在争辩中不断成长。

适当给孩子"戴高帽"

在现实生活当中，恰当地给孩子"戴高帽"是一种很有效的教育方法。这个"高帽"并不是虚假的表扬和一味地护短，而是"预支"表扬，为孩子的行为指明目标和希望，增强他的信心。

小樱生活在一个相对民主的家庭，她的父母都是高校老师，虽然平时对她的要求也比较严格，但在家庭生活中，父母尊重小樱的意见，也十分重视对其各方面能力的培养。

在小樱刚读初一的时候，妈妈就任命她为"家庭管家"，让她帮忙管理家庭事务，参与家庭决策。

在过新年前，家中的三位成员都想添置新东西，妈妈想买双新鞋子，爸爸想买台新电脑，而她想买个新手机，三人各抒己见。

"我也觉得三个人的愿望都满足是最好的，但以咱家目前的经济情况，这样做的话以后就可能要过一段拮据的日子了。"妈妈说。

"是啊，我们都明白。"爸爸和小樱一致说。

"那还是让我们的'家庭管家'来决定吧。我相信她是一个懂事的孩子，一定会做出正确的决定。"

小樱听后，仔细地想了很久，最终做出了决定："还是先给妈妈买鞋子吧，这个最便宜。之后，可以给爸爸买电脑，爸爸的工作需要它,然后再给我买新手机。"

听到女儿的决定,父母由衷地感到高兴,因为女儿又懂事了很多。

与成人一样,孩子也喜欢听到赞美的话,希望得到别人的认可,甚至喜欢有人能给他"戴高帽"。

小樱的父母给了她一个"家庭管家"的头衔,并且能经常为她创造参与家庭事务的机会。在小樱看来,这不仅是父母尊重自己话语权的表现,也是父母对自己能力的肯定和信任,所以她很乐意接受父母的任命,并且在处理问题时能以"家庭管家"的身份来思考和做出决定。

而且,小樱在担任"家庭管家"的同时,还体验了管理家庭事务、协调家庭成员利益等的不易,从而能更好地体会到父母持家的艰辛。另外,在这个过程中,她不仅增强了自信,各方面的能力也得到了锻炼和提高。

父母根据孩子的特点和优势适当地给孩子"戴高帽",并不是说父母可以任意夸大孩子的优点,盲目地进行表扬,而是希望父母能以一种尊重和平等的姿态来对待孩子,突出孩子在家庭生活中的重要作用,多给孩子一些施展才华的机会,让孩子在这个过程中体验成就感,实现自我价值。

在运用"戴高帽"的方式表达对孩子的积极肯定和赞许时,父母还应该注意如下的一些问题:首先,在运用这一方式时,父母应该掌握适度的原则。

"戴高帽"的赞美方式通常在一定程度上是对孩子能力的肯定，但在表达方式上多少带有一些夸大的成分，如果过多地使用或是经常夸大孩子的表现，孩子就有可能因此而忘乎所以，这对孩子的成长十分不利。

其次，父母应该根据自己孩子的性格特点决定是否选用，对于那些比较羞涩、自信心不足的孩子，父母可以适量地使用"戴高帽"的方式，以激起孩子的自信心和成就感，帮助其不断进步；而对于那些平时就很骄傲、容易自满的孩子，父母最好还是少用为妙。